OLOMOUC
OČIMA STALETÍ

Text doc. PhDr. Miloslav Pojsl
Fotografie Vladimír Hyhlík

Lektoroval
Doc. PhDr. Ivo Hlobil, CSc.

Německý překlad Anna Zatloukalová
Anglický překlad Alena Kottová

PHOTOS © VLADIMÍR HYHLÍK, 1992
TEXT © Doc. PhDr. MILOSLAV POJSL, 1992

ISBN 80-900013-3-5

OLOMOUC patřící mezi přední královská města
po vinorodé Vídni hned musím oslavit básní.
Prastaré město předků, sokyně dávných králů,
kolkolem krásné hradby zvedá a chrámy boží
i vysoké věže je všude nezvyklou nádherou zdobí.
Po celém městě se skvějí stavby nadmíru pyšné,
ve všech ulicích budí podiv nádherné domy.

● ● ●

(Olomouc) zůstala svobodná, silná,
bohatá, velice krásná, předčila nesporně všechna
města, kolik jich jenom dobře zná Morava celá.

Báseň Georgia Sibuta
1. pol. 16. století
přeložil E. Petrů

Olomouc, patřící mezi naše nejstarší a nejvýznamnější historická města, je svým vývojem a postavením srovnatelná pouze s hlavním městem českého státu Prahou. Počátky obou metropolí, české Prahy a moravské Olomouce, sahají sice až do 9. století, kdy naše národy kladly první základy společné kultury a vzdělanosti, ale teprve v následujících dvou stoletích se formuje jejich místo ve správě raně feudálního přemyslovského státu. Na počátku 11. století po připojení Moravy k Čechám buduje kníže Břetislav ve staroslovanské Olomouci přemyslovské hradiště, které se má stát sídlem příslušníků vedlejší větve Přemyslovců. Olomouc získává prioritní postavení v moravské hradské soustavě i mezi přemyslovskými úděly. Podobně jako v Praze (973) je i v Olomouci roku 1063 zřízeno biskupství s působností pro celou Moravu. Olomouc, stejně jako Praha, je od té doby sídlem nejen správy zeměpanské, nýbrž i církevní, se všemi důsledky politickými, hospodářskými i kulturními.

V době pohasínajícího významu olomouckého hradu rodí se z podhradních řemeslnicko kupeckých osad středověké město — centrum řemesla a trhu, které díky výhodné poloze i předcházejícímu vývoji získává opět nejdůležitější postavení mezi moravskými městy. Jeho prestiž a popularita dosáhly svého vrcholu v období humanismu a renesance. Přestože význam Olomouce citelně utrpěl v 17. století zbavením města celozemských úřadů a katastrofálními důsledky švédské okupace, po stavební a umělecké stránce se na troskách někdejší slávy rodí nová barokní výstavba, která určuje charakter historického jádra dodnes. Olomoucká pevnost, budovaná od poloviny 17. století až za polovinu 19., bránila sice rozvoji města v období průmyslové revoluce a v nejednom ohledu zpomalila hospodářský a společenský vývoj, na druhé straně uchránila středověké jádro města v intaktním stavu. Necitlivé rekonstrukce a demolice s následnými novostavbami trvajícími až do současnosti neporušily zatím vážněji historickou a uměleckou hodnotu tohoto výjimečného urbanistického celku.

Na každém kroku se v Olomouci můžeme setkat s doklady přirozené potřeby člověka všech dob překonat svoji smrtelnost nepomíjivými projevy svého ducha a díly tvořivých rukou. Stejně jako dnes i před staletími potřeboval člověk uspokojovat nejen své základní materiální potřeby, ale i touhy intelektuální a citové. Hodnotu a nezastupitelnost kulturního dědictví pociťujeme intenzívněji zejména dnes v přetechnizovaném světě. Každé umělecké dílo, ať současné nebo staré, hodnotná architektura nebo kultivovaná část přírody humanizuje naše životní prostředí a působí na estetické vnímání světa. Proto jen člověk povrchní a nevzdělaný může považovat péči o kulturní statky za nadbytečnou zátěž nebo přepych. Vědomí odpovědnosti nutí proto každou vyspělou společnost k úsilí, aby zachovala zděděné kulturní hodnoty a v obohacené a rozšířené podobě je dokázala předat následujícím generacím. Vždyť ztráta každého sebemenšího urbanistického celku, jednotlivého objektu architektury nebo jakéhokoliv jiného výtvarného díla, sochy či obrazu, je nenahraditelná jednou provždy. Tím více platí toto poznání u tak výjimečného souboru památek, jakým je městská památková rezervace Olomouc.

Již minulé generace si byly vědomy mimořádné hodnoty historického jádra města Olomouce a vyvíjely úsilí o jeho záchranu a uchování pro budoucnost. Po druhé světové válce, kdy se nutnost ochrany historických měst ukázala zvláště naléhavá, byla Olomouc mezi jinými 30 městy prohlášena vládním usnesením z 11. července 1950 za městskou památkovou rezervaci. Cílem tohoto správního opatření byla stavební ochrana, zlepšení hygienických podmínek a modernizace bydlení i kulturní využití vybraných památek. Teprve však Zákon č. 22 o kulturních památkách z roku 1958 vytvořil novou zákonnou normu, na jejímž základě byla Olomouc v roce 1971 znovu prohlášena městskou památkovou rezervací, a to pro své zcela mimořádné uměleckohistorické hodnoty. Historická Olomouc obsahuje ve své prostorové skladbě unikátní projevy monumentální architektury, zbytky opevnění, měšťanské domy i volné plastiky. Je nejvýznamnějším a nejlépe dochovaným urbanistickým celkem na Moravě a po Praze druhým v českých zemích. V její tisícileté minulosti se odrážejí nejdůležitější momenty státoprávního, duchovního, uměleckého a společenského vývoje země i státu.

Památkové bohatství Olomouce i četnost historického ikonografického materiálu ve fondech archívů a sbírkách muzeí vybízejí stále k novým publikačním počinům. Cílem této práce je přiblížení složitého vývoje města poznamenaného všemi evropskými stavebními slohy na základě vybraných památkových objektů i větších celků v konfrontaci s historickou ikonografií. Z technických důvodů a omezeného rozsahu nemůže však být toto hledisko důsledné. Přesto přináší tato publikace množství dosud neuveřejněných dobových zobrazení města Olomouce, jeho částí i jednotlivých objektů. Absenci současného stavu některých významných památek zapříčinily ponejvíce okolnosti jejich neutěšeného stavu nebo právě probíhající rekonstrukce.

Je naší milou povinností poděkovat všem, bez jejichž ochoty a pomoci by publikace nemohla vzniknout. Zvláštní dík náleží PhDr. Vladimíru Spáčilovi, řediteli Okresního archívu v Olomouci, řediteli Vlastivědného muzea v Olomouci a dalším pracovníkům této instituce za jejich pomoc při výběru a umožnění fotodokumentace obrazového materiálu. S mimořádnou ochotou jsme se setkali také při zajišťování vstupu do objektů a pomoci při fotografování u Mgr. Jaroslava Pečínky, Jitky Šípkové, Miroslava Jeslíka, Vladimíra Gračky a Rudolfa Seiferta.

Přírodní podmínky pro zakládání lidských sídel byly utvářeny už v geologické minulosti Země. Využitím, kultivací a dotvářením přírody budoval člověk po tisíciletí neopakovatelná, zcela jedinečná díla, jakými jsou města, vesnice a ostatní typy sídel, ale i kulturní krajiny, vodní stavby nebo komunikace. Výsledné působení takovéhoto díla je vždy určováno na jedné straně přírodou a na druhé straně člověkem, jeho schopnostmi, dovedností, ale i technickými možnostmi té které doby. Nebylo tomu jinak ani v případě Olomouce, onoho významného sídelního útvaru, který v průběhu času měnil jak svoji funkci, tak svoji vnější podobu.

Nejdůležitější podmínkou, která se tu člověku nabízela již dávno v pravěku, byla úrodná niva, rozkládající se na obou březích hlavního vodního toku — řeky Moravy, jež dala pojmenování zemi nebo naopak sama od ní své přijala. V místech, kde v moravních vodách ztrácí své jméno horská říčka Bystřice, zvedá se na protějším západním břehu nevysoká (16 až 23 m), skalnatá a esovitě modelovaná vyvýšenina, v nové době nazývaná Olomoucký kopec. Ani současná zastavěnost nesetřela různou výšku této (z geologického hlediska) kulmské kry. Dominující je tzv. Michalský pahorek (podle tamního kostela), východněji od něho se nachází nižší pahorek Petrský (rovněž podle patrona někdejšího kostela) a konečně severně odtud na skalnaté ostrožně je nejnižší Václavské návrší, zvané také dómské. Zatímco k západu jsou svahy Olomouckého kopce ponejvíce mírné a pozvolně klesající, na ostatních světových stranách spadají příkře skalnatými srázy k rameni řeky Moravy.

Štěrkové nánosy říčky Bystřice, vzniklé při jejím ústí proti kopci, vytvořily brod, který se stal nejvýhodnějším místem přechodu v široko daleko rozbahněných moravních březích. Právě existence tohoto brodu bývá považována za rozhodujícího činitele, jež určoval význam a funkci vznikajícího sídla. Lákal domácí i cizí řemeslníky, aby se zde trvale usadili, a kupce, aby tu nabízeli své zboží, nezřídka i ze značné dálky.

Tak exponované a mimořádně výhodné místo nemohli minout ani naši slovanští předkové. Přesto se do nedávna soudilo, že Olomoucký kopec neměl pro staré Slovany většího sídelního významu. Archeologické výzkumy dvou posledních desetiletí přinesly již dostatek přesvědčivých důkazů, že tomu bylo právě naopak. Význam a vypovídací schopnost dosavadních nálezů nelze však přeceňovat. Vždyť z celkové plochy historické zástavby města a blízkého okolí známe

1. Celkový pohled na Olomouc od severu; po roce 1724, rytina M. Engelbrechta podle kresby F. B. Wernera (OA Olomouc)

zatím nepatrný zlomek a výzkumy jsou stále v začátcích. Obraz slovanského osídlení Olomouce je sice mnohem zřetelnější, ani zdaleka si však nemůžeme činit nároky na konečné soudy.

Zatím nejstarší slovanské osídlení prokázal záchranný archeologický výzkum na staveništi domu služeb Koruna, uskutečněný v nároží ulic Pekařské a Zámečnické. Zjištěnou zemědělskou osadu starých Slovanů datuje keramika tzv. pražského typu od 6. do poloviny 7. století. Z hlediska chronologie osídlení objevili nedávno archeologové na staveništi panelového sídliště v jižní okrajové části města Olomouce — Povlu opevněné sídliště z přelomu 7. a 8. století. Četné nálezy bronzových i zlatých předmětů, zejména nákončí opasků, přezky a ostruhy s háčky, dokládají hluboké společenské a ekonomické změny, jimiž procházela tehdy na našem území slovanská společnost. Existence opevněného hradiska a bohaté nálezy luxusních kovových předmětů považují archeologové za důkaz společenské a sociální diferenciace uvnitř slovanské pospolitosti, z níž se postupně vyčleňovala nadřazená složka obyvatelstva. Rozklad rodového zřízení a sjednocovací proces kmenů vrcholí kolem roku 800 n. l., kdy vzniká první státní útvar u západních Slovanů — Velkomoravská říše. V této době zaniklo násilným způsobem opevněné sídliště na Povlu, nejspíše expanzí některého z předchůdců prvního známého moravského knížete Mojmíra.

Úspěchy archeologického zkoumání slovanského osídlení Olomouce, byť jakkoliv kusé, předčily i nejsmělejší očekávání. Záchranné výzkumy v 70. letech obrátily pozornost k východní části historického jádra, k bývalému Předhradí. Na nádvoří Tereziánské zbrojnice (Biskupské nám.) a o několik let později ve dvoře kanovnické rezidence na ulici Křížkovského č. 4, adaptované pro potřeby

2. Celkový pohled na Olomouc od východu; 1842, ocelorytina (OA Olomouc)

3. Plán olomoucké bastionové pevnosti z roku 1781 bez vyznačení zástavby města; vpravo klášter Hradisko s alejí od Hradské brány (kopie SÚPPOP Praha)

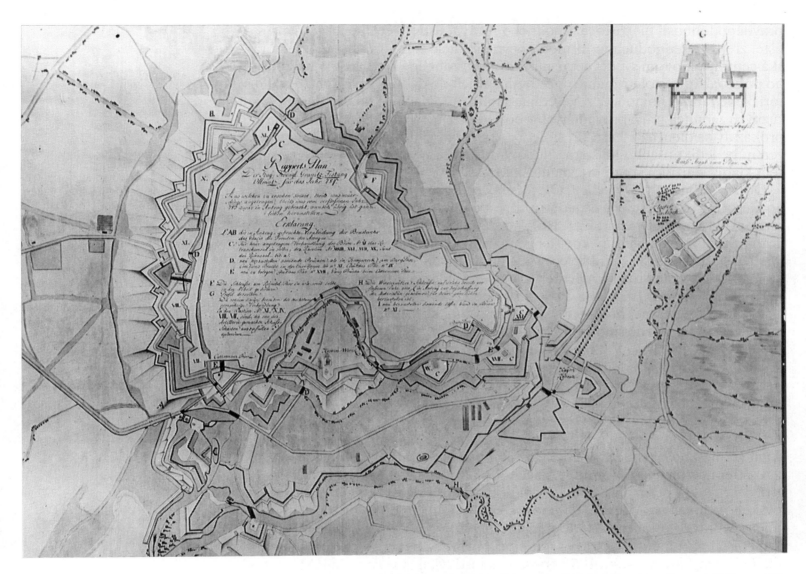

Okresního archívu v Olomouci, byly objeveny kulturní vrstvy slovanského osídlení právě z období 9. století. Nálezy vypovídají o významu této lokality v době velkomoravské. Nešlo zde o pouhé sídliště venkovského typu, ale s největší pravděpodobností tu existovalo politicko správní ústředí celého kraje. Toto sídliště, zřejmě s jednoduchou formou opevnění, mělo těsné vztahy na jihomoravská centra, jak o tom svědčí četné nálezy, např. zdobené křížové kování koňského postroje. Z 9. století známe dnes řadu dalších dokladů, i z blízkého okolí historického jádra Olomouce, z Neředína, Holice ad. Naopak sondáže a sledování různých zemních prací prováděných v posledních letech na klášterním Hradisku, prokázaly osídlení až z 11. a 12. století, což se kryje s historicky doloženým založením benediktinského kláštera. Nepotvrdily se tedy starší názory, které právě sem kladly staroslovanské opevněné sídlo.

Obraz dalšího vývoje osídlení Olomouckého kopce před vznikem středověkého města má ještě nejméně na jedno až dvě století po zániku Velké Moravy velmi torzální a hypotetický charakter. Rozpad státního útvaru — Velkomoravské říše neznamenal ovšem zánik někdejších správních center, ale spíše jejich postupný úpadek se ztrátou bývalých společenských a hospodářských funkcí. Ze stratigrafie kulturních vrstev rozpoznali archeologové zánikový horizont (požárová vrstva) asi pro polovinu 10. století. Po krátké době však dřívější dvorec znovu ožívá. Není zatím zcela jasné, proč stejný osud nepostihl také slovanské osídlení v podhradí, na území pozdějšího města v blízkosti dnešního mořického kostela (výzkum v Pekařské ulici). V tamní osadě žili nejen zemědělci a rybáři, ale i specializovaní řemeslníci zabývající se zpracováním železa, barevných kovů i jiného materiálu. Archeologické nálezy dokládají zároveň dálkový obchod, který zajišťoval výměnu zboží mezi vzdálenými zeměmi Západu a Východu.

Někdejší velkomoravský dvorec na Olomouckém kopci, zničený kolem poloviny 10. století, byl začas obnoven mnohem intenzívnějším životem hospodářským (řemeslo a obchod), politickým i kulturním. V této době dochází zřejmě k rozšíření osídlení i na protější Václavské návrší. Ze starého sídla provinční správy kraje se v první polovině 11. století stává důležitý strategický bod přemyslovského panství na Moravě. Olomouckému hradu (hradišti) bylo totiž po připojení Moravy k českému státu přiznáno nejdůležitější postavení v zemi. Nejstarší písemná zmínka o hradě v Olomouci pochází z pera prvního českého kronikáře Kosmy, který k roku 1055 popsal události týkající se rozdělení Moravy na úděly (v Olomouci, Brně a Znojmě) a válku mezi syny knížete Břetislava Spytihněvem a Vratislavem, jež musel v Olomouci zanechat manželku a sám se spasit útěkem do Uher.

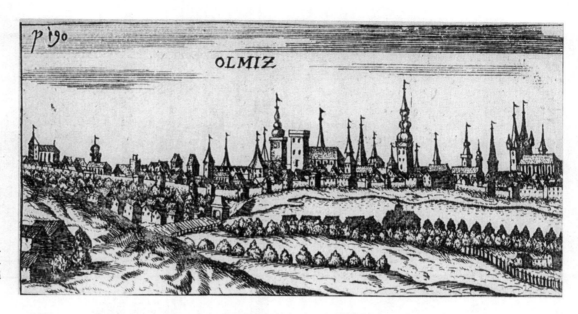

4. Celkový pohled na Olomouc od jihovýchodu, 16.—17. století, rytina neznámého cyklu; veduta málo odpovídá skutečnosti (OA Olomouc)

Význam hradu ještě vzrostl, když později kníže Vratislav v roce 1063 zřídil samostatné moravské biskupství se sídlem u olomouckého kostela sv. Petra.
Tento kostel je nejstarší zděnou stavbou doloženou v Olomouci, která pocházela nejspíše už z 10. století; nelze však ani vyloučit její velkomoravský původ. O původní podobě kostela sv. Petra nevíme nic určitého.

V roce 1455 vyhořel a po té byl od základů přestavěn v pozdněgotickém slohu. Koncem 17. století byla k němu přistavěna věž, kterou známe z dobových vedut města. V důsledku josefínských zásahů do církevních poměrů došlo ke zrušení kostela a v roce 1792 následovalo zboření. V jeho blízkosti je na počátku 13. století založen klášter augustiánek s kostelem sv. Jakuba. Svatojakubský klášter, který v 16. století získali olomoučtí minorité, stihl stejný osud — zrušení. Posléze byl klášterní objekt přeměněn na státní nemocnici (1787), fungující až do roku 1900. Jako nevyhovující byla nemocnice zbořena a krátce nato městem postavena dívčí škola s penzionátem tzv. Elisabethinum, přejmenovaná po první světové válce na Komenium. Dnes v tomto rozsáhlém architektonicky i výtvarně nikterak výrazném objektu má sídlo filozofická fakulta Univerzity Palackého v Olomouci. Odstraněním nejstaršího olomouckého kostela sv. Petra a kláštera sv. Jakuba bylo historické jádro Olomouce výrazně ochuzeno o vzácné památky a zároveň uliční interiér barokních kanovnických rezidencí (ul. Křížkovského) narušen necitlivě převýšenou budovou, která se stala dominující hmotou uličních pohledů.

Pozůstatky původního biskupského kostela nezjistil ani výzkum Archeologického ústavu pro-

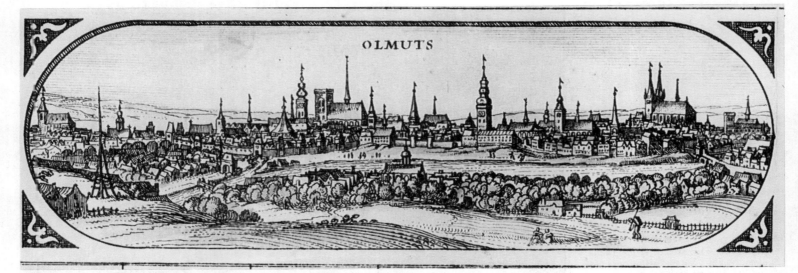

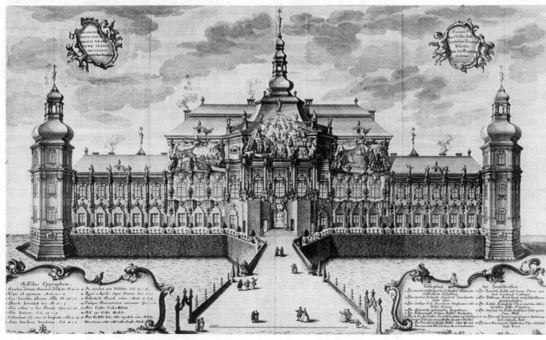

5. Celkový pohled na Olomouc od jihu; 1627, rytina na mapě Moravy od J. A. Komenského (OA Olomouc)

6. Klášter Hradisko od severovýchodu; po roce 1724, rytina M. Engelbrechta podle kresby F. B. Wernera (OA Olomouc)

vedený v letech 1948—9. Zřízením moravského biskupství přiblížila se Olomouc svým postavením Praze. Na obou hradech bylo sídlo nejen zeměpanské, nýbrž i církevní, což značně posílilo význam středověké Olomouce a zdůraznilo i její význam kulturní a společenský.

Olomoucké biskupství usiloval v polovině 13. stol. povýšit na arcibiskupství biskup Bruno ze Schaumburka, ale bez úspěchu. Arcibiskupstvím se stalo teprve o půltisíciletí později v roce 1777 bulou papeže Pia VI. Prestiž Olomouce v době její pohasínající slávy tím značně stoupla.

O několik let později založil olomoucký údělný kníže Ota Sličný s manželkou Eufemií v roce 1078 klášter sv. Štěpána, který se měl stát ideologickým a kulturním centrem, ale i mauzoleem olomoucké vedlejší větve přemyslovské dynastie. Teprve později začal se tento benediktýnský klášter nazývat Hradiskem. V polovině 12. století vystřídali benediktýny premonstráti.

Původní románská podoba kláštera zmizela v průběhu dalších staletí, kdy požáry a válečná ničení (Tataři(?) 1241, Kumáni 1253, zbořen 1432, 1468 a Švédové 1642) byly vždy příležitostí klášter přestavět a přizpůsobit měnícím se stavebním slohům i nárokům na úroveň života klášterní komunity. Poměrně nepatrná vzdálenost od městských hradeb přivodila premonstrátské kanonii nejedno neštěstí. Poslednímu zboření a vypálení kanonie za švédské okupace Olomouce v letech 1642 až 1650 padla za oběť bohatá klášterní knihovna a část cenného archívu. Vleklé majetkové spory s městem vedly k úvahám opustit klášterní zbořeniště a vystavět nový klášter v nedalekých Samotiškách. V roce 1653 je však původní klášter již znovu obyvatelný. Následující novostavba, k níž byl položen základní kámen 8. května 1659, setřela i poslední pozůstatky dřívějších klášterních budov. Teprve za opata Norberta Želeckého je v roce 1686 zahájena výstavba dnešního monumentálního a nesmírně rozsáhlého klášterního komplexu. Projekt vypracoval architekt G. P. Tencalla a vlastní výstavba byla svěřena kroměřížskému zednickému mistrovi M. Partschovi, který současně stavěl biskupský zámek v Kroměříži. Později Partsche vystřídala (od r. 1694) řada dalších mistrů (A. Glöckel, J. Mathis, Ch. Oedt). V roce 1702 složité budování konventu završuje výstavba hlavní věže. Po požáru prelatury (1705) je nutno tuto část přestavět podle projektu jiného vynikajícího, na Moravě působícího architekta D. Martinelliho. Celá premonstrátská kanonie Hradisko u Olomouce tak byla, včetně centrálního kostela vystavěného v letech 1730—31, definitivně dokončena v roce 1736. Stavba je koncipována čtyřmi mohutnými křídly do čtvercového půdorysu (100 × 115 m) s nárožními polygonálními věžemi. Vnitřní prostor dvora je přepažen příčným traktem tvořeným konventním kostelem, hlavní věží a bývalou knihovnou. K východnímu křídlu přiléhá centrála kostela sv. Štěpána, asi dodatečně přistavěná v letech 1726—31. Monumentální barokní architekturu doplňuje honosná, na vysoké výtvarné úrovni provedená fresková a štuková výzdoba interiérů, na níž se podíleli významní umělci té doby: malíři P. Troger, I. Ch. Monti, D. Gran, J. K. Handke, J. van den Nypoort, A. M. Lublinský, J. J. Etgens, B. D. Strauss a K. F. Haringer, sochaři a štukatéři B. Fontana, M. Mandík, J. A. Heintz, A. Ricca, J. Hagenmüller a J. Winterhalder.

15

Klášter Hradisko, stejně jako mnoho dalších duchovních ústavů, postihly josefínské reformy. V roce 1784 byl zrušen a v jeho prostorách se zřizuje generální kněžský seminář, v němž v letech 1787—90 působí český obrozenecký učenec, exjezuita Josef Dobrovský. Od roku 1802 slouží klášter Hradisko jako vojenská nemocnice.

Ztráta hradního kostela sv. Petra ve prospěch biskupství byla asi důvodem, proč Přemyslovci opustili své starší hradní sídlo a na protější skalnaté ostrožně vybudovali nový olomoucký hrad. V jeho severozápadní části při hlavním vstupu — západní bráně (v ústí dnešní ul. Mlčochovy) — stál zřejmě úžeji vymezený kní-

7. Klášter Hradisko od jihu; 1751, rytina Jos. a Jana Klauberů podle kresby J. Hoffmanna k 600. výročí příchodu premonstrátů (VM Olomouc)

8. Kapitulní děkanství od severozápadu; po roce 1890, lavírovaná perokresba L. E. Petrovitse (OA Olomouc)

9. Novogotická přestavba dómu sv. Václava; 1887, fotografie (VM Olomouc)

žecí dvorec s obytným palácem. Význam hradu jako zeměpanského sídla upadl s vymřením olomouckých Přemyslovců kolem roku 1200. Od té doby už žádný zeměpán v Olomouci trvale nesídlil a správa hradu zůstala napříště výhradně v rukou purkrabího, jehož obydlí — purkrabství — stálo u románské válcové věže. Přemysl Otakar II. daroval v roce 1267 Bartoloměji, děkanovi kapituly, jakýsi dům v sousedství purkrabství, který od té doby sloužil jako kapitulní děkanství. V 16. století purkrabství definitivně zaniklo.

Dnešní objekt bývalé rezidence kapitulního děkana na Václavském náměstí je dvoukřídlá, raně barokní stavba z poloviny 17. století. V patře románské věže byla zřízena domácí kaple děkana. Ve vnitřních prostorách děkanství, upravených a vyzdobených ve stylu šlechtických sídel, vyniká zejména tzv. erbovní sál s bohatým kazetovým táflováním, doplněným obrazy znaků členů olomoucké kapituly.

Novodobá pamětní deska osazená na vnějším severním ochozu (tzv. krvavá pavlač) připomíná tragickou událost ze 4. srpna 1306, kdy byl v Olomouci zavražděn poslední Přemyslovec, český král Václav III.

Druhou zděnou stavbou v Olomouci, o níž bezpečně víme, je kostel sv. Václava, založený knížetem Svatoplukem na počátku 12. století. Trojlodní románskou baziliku nemohl vinou osudu dokončit ani zakladatelův syn, kníže Václav, který ji krátce před smrtí odevzdal olomouckému biskupovi Jindřichu Zdíkovi (1126—50). Biskup kostel vysvětil (1131), stavebně dokončil a přenesl k němu biskupský stolec od kostela sv. Petra z Předhradí (1141).

Katedrálu sv. Václava — náročné architektonické dílo doby románské, známe velmi fragmentárně. Požáry (1204, 1265) a následné přestavby ve 13. a 14. století nás připravily o tuto jedinečnou románskou památku. Výsledkem gotických přestaveb je dochované západní trojlodí. Dvojvěžové románské průčelí přestavěl na konci 16. stol. biskup Stanislav Pavlovský, který mu dal podobu mohutného monolitně působícího trojvěží. Kardinál František Dietrichštejn nechal v letech 1617—19 zbudovat zvýšený presbytář s rozsáhlou kryptou. Východní rozšíření katedrály se stalo na svou dobu odvážným stavebním dílem. K jižní boční lodi jsou přistavěny kaple sv. Stanislava a loretánská. Současnou podobu získala katedrála v letech 1883—1892, kdy ji nechal arcibiskup kardinál Bedřich Fürstenberk v duchu romantického purismu přestavět do novogotické podoby. Projekčně regotizaci připravil a stavbu řídil G. Meretta, dokončil ji R. Völkel. Radikálně bylo přestavěno zejména průčelí, novogoticky upraven presbytář a přistavěny dva nové objekty — chórová kaple na severní straně a vysoká jižní věž.

Nejstarší zobrazení katedrály jsou zároveň prvními ikonografickými památkami v Olomouci. Poprvé byl biskupský kostel znázorněn, ovšem ve značně zjednodušené podobě, na pečeti olomoucké kapituly z doby kolem roku 1200. Biskup Jindřich Zdík v pečetním obraze drží kostel se dvěma hranolovými věžemi.

10. Novogotická přestavba dómu sv. Václava, dostavba jižní věže; 1888, fotografie (VM Olomouc)

Původní podobu románského průčelí se dvěma věžemi, štítem sedlové střechy nad střední lodí a hlavní portál potvrzují všechna dochovaná vyobrazení (v misále Johánka z Bludova z roku 1466, v olomouckém rukopise z roku 1529 a konečně dřevoryt v tištěné agendě z roku 1585).

Renesanční úpravu průčelí s dostavěnou třetí věží poprvé dokládají dřevořezy Jana Willenbergera v Zrcadle markrabství moravského od B. Paprockého vytištěného v Olomouci 1593 (celkový pohled na město je současně první městskou vedutou, a pohled na samotný kostel je brán od jihu). Týž stav průčelí a mohutnou budovu barokního presbytáře s různou dávkou stylizace a zjednodušení dokumentují rytiny z průběhu 18. století. Nejvěrnější pohled na katedrálu je zachycen na lavírované perokresbě intronizačního průvodu kardinála Troyera z roku 1747 a na rozměrném plátně Jana Dominika Klayna (?) zobrazujícím pruské obležení Olomouce v roce 1758. Výrazně je zde odlišen barokní presbytář od gotického západního trojlodí a v sousedství kostela vidíme další objekty, kapli sv. Anny, válcovou věž a dvě křídla barokního kapitulního děkanství.

Průčelí, po snesení bočních věží v důsledku požáru v roce 1804, dokumentují všechna zobrazení v průběhu 19. století až do regotizace. Průběh novogotické přestavby zachycují pak jedny z nejstarších fotografií v Olomouci.

S přenesením biskupství ke kostelu sv. Václava zřídil Zdík novou dvanáctičlennou kapitulu. Snažil se ji organizovat v duchu církevních obrodných reforem na principu společného života (jakási obdoba kláštera). Pro potřeby reformované kapituly nechal upravit objekt na severní straně katedrály a dále přistavěl honosný biskupský palác, rovněž v románském slohu s kapitulním ambitem kolem protáhlého rajského dvora. Vytvořil tak pozoruhodný komplex církevních budov, který soudobé prameny označují skutečně klášterem sv. Václava. Na olomouckém přemyslovském hradě, obdobně jako na Pražském hradě či Vyšehradě, vznikly tak dva samostatné sídelní okrsky — knížecí a biskupský. Palác svým bohatým výtvarným vybavením a mimořádnou kvalitou architektury přesáhl všechny soudobé stavby u nás a řadí se k nejvýznamnějším obytným stavbám evropským.

Reprezentační a sídelní funkci ztratil románský palác před polovinou 13. století, kdy z něho biskup Robert zřídil katedrální školu. Stavebně však zanikl až ve 14. století při poslední gotické přestavbě katedrály. Na jeho místě byl postaven nový gotický kapitulní ambit, doplněný kolem roku 1500 řadou nástěnných maleb vánočního a velikonočního cyklu.

Nebýt náhody, nevěděli bychom dnes o této palácové stavbě nic. Dvě obvodové zdi někdej-

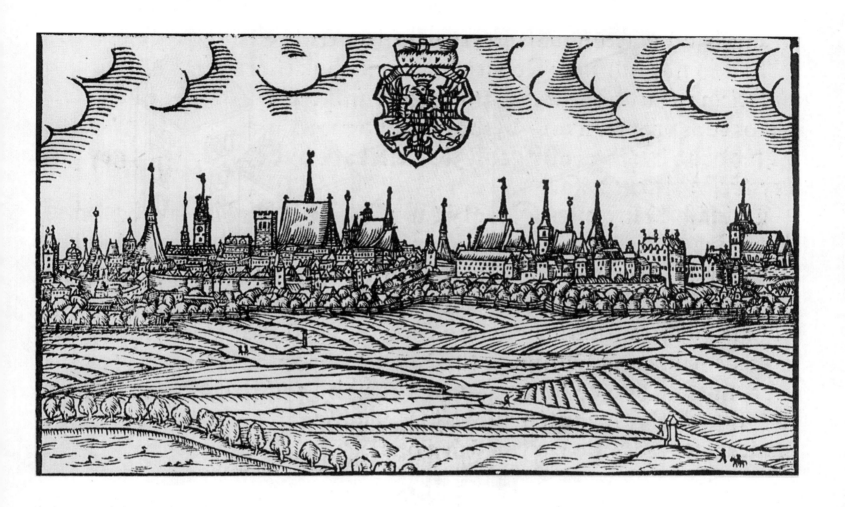

11. Celkový pohled na Olomouc od jihovýchodu; 1593, dřevořez J. Willenbergra

šího paláce, severní podélná a západní průčelní, byly využity jako vnější zdivo zmíněného gotického ambitu. V roce 1867 objevil zazděná okna románského paláce v původních obvodových zdech architekt K. Biefel. Až do nedávné doby převládalo mínění, že jde o Přemyslovský palác. Pod tímto označením byly pozůstatky románského paláce spolu s dalšími objekty (ambit, kaple sv. Jana Křtitele a románská válcová věž) v roce 1962 prohlášeny vládou ČSSR za národní kulturní památku.

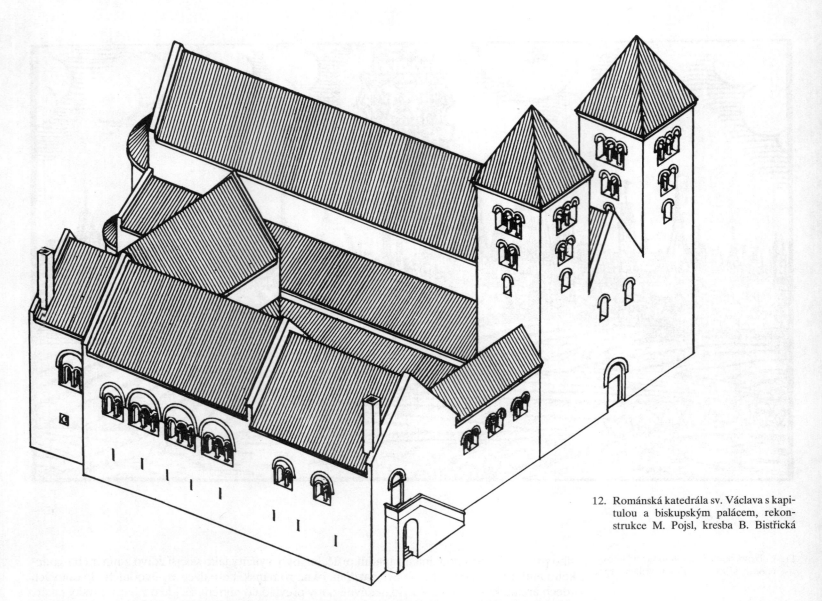

12. Románská katedrála sv. Václava s kapitulou a biskupským palácem, rekonstrukce M. Pojsl, kresba B. Bistřická

V následujícím čtvrtstoletí usilují památkové orgány o restauraci a rekonstrukci bohaté architektonické výzdoby oken v 1. patře někdejšího paláce. Náročné dílo památkové obnovy bylo v roce 1988 dokončeno a spolu s muzejní expozicí v bývalé kapli sv. Jana zpřístupněno veřejnos-

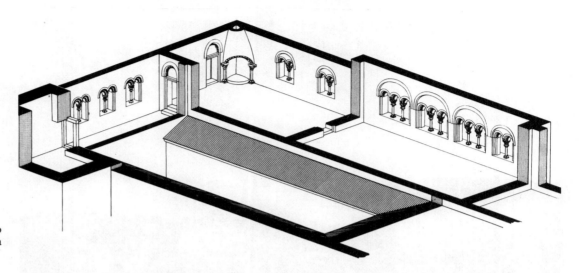

13. První patro románského biskupského paláce, rekonstrukce M. Pojsl, kresba B. Bistřická

ti. Význam tohoto počinu není o nic menší, než kulturní dosah zbudování paláce ve 12. století.

Reformovaná kapitula nepřežila asi dlouho svého zakladatele biskupa Zdíka († 1150). Nejpozději do konce 12. století se společný život kapituly rozpadl a jednotliví kanovníci si na Předhradí začali budovat vlastní feudální sídla — jakési kurie (dvorce), jejichž nejstarší podobu však neznáme. Podstatnou změnu ve vnějším vzhledu těchto sídel přinesla teprve renesanční kultura a humanismus 16. století. Touha a potřeba změny životního stylu, forem bydlení i reprezentace vedla také vysoké duchovní hodnostáře k rozsáhlé stavební činnosti. Nová prostorná sídla v renesančním slohu vyrostla po obvodě Předhradí (na samém okraji skaliska nad dnešními Bezručovými sady), nejspíše v místech starých dvorců. Většina těchto dvoupodlažních budov, založených na obdélném půdoryse, byla po třicetileté válce, a zejména na počátku 18. století, přestavěna v barokním slohu. Řada z nich získala podobu honosných rezidencí. K původně jednoduchým budovám byly přistavěny další křídla. Tím tu vyrostly dvou až čtyřkřídlé objekty s vnitřním nádvořím. Průčelní uliční fasády jsou vybaveny nákladnými kamennými portály se znaky jejich majitelů. Interiéry prvních pater jsou často doplněny bohatou štukovou a freskovou výzdobou. Nechybí ani malé privátní kaple, rovněž bohatě vyzdobené.

14. Východní zástavba olomouckého Předhradí s objekty kanovnických domů a arcibiskupské rezidence, vpravo Hradská brána; před. r. 1876, fotografie (VM Olomouc)

Při východním obvodu Předhradí mezi kanovnickými rezidencemi byl vybudován také nový biskupský palác. Změna v umístění biskupova sídla od katedrály sv. Václava na bývalém hradě souvisela zřejmě se zamýšleným rozšířením presbytáře kostela. Stavbu paláce v renesanční podobě započal biskup Stanislav Thurzo (1496—1540) a dokončil ji kolem poloviny 16. století významný humanista, biskup Jan Skála z Doubravky, zvaný Dubravius (1541—53). Po třicetileté válce nechal palác přestavět a podstatně rozšířit biskup Karel II., hrabě Lichtenštejn (1664—95). Ve stylu raného baroka vyprojektoval novou rezidenci císařský inženýr a architekt F. A. Lucchese, který pro téhož objednavatele pracoval na přestavbě kroměřížského biskupského zámku. Biskupská rezidence s 85 m bohatě členěné uliční fasády, sedmi dvoupatrovými křídly kolem dvou obdélných dvorů i složitou vnitřní dispozicí náleží k největším a nejhonosnějším stavbám palácovým v Olomouci. Na umělecké výzdobě interiérů se podíleli zejména italští umělci — malíři I. Monti a C. Tencalla se skupinou štukatérů. Reprezentační sály s bohatým štukem nacházejí se v západním uličním křídle (velký štukový sál, trůnní sál, tzv. sál zlatý, červený aj.) a ve východním křídle zahradním (biskupovy oficiální salóny). Ve druhém patře byla nádherně upravena privátní kaple biskupova.

V době svého episkopátu nechal interiéry rezidence zmodernizovat olomoucký arcibiskup Maxmilián baron Sommerau-Beckh (1836—53) a na počátku našeho století (1904) arcibiskup František Bauer. Podle projektu V. Fischera dal upravit především střešní část průčelí s věžičkou nad hlavním vstupem do objektu. Za arcibiskupa Leopolda Prečana (1923—47) působil na rezidenci malíř J. Köhler, který zde zanechal řadu nástěnných maleb nad schodištěm a v malé kapli v prvním patře.

Před několika lety nákladem vlastníka proběhla obnova fasád, úprava a restaurace interiérů. Oficiální sály reprezentačního prvního patra jsou vybaveny historickým mobiliářem, obrazy, porcelánem, sklem a dalšími uměleckými předměty tvořícími proslulou arcibiskupskou sbírku, která je z velké části zapsána ve státním seznamu movitých kulturních památek.

Úprava dvou ze zmíněných sálů připomíná události, jimiž se Olomouc zapsala do politického dění 19. století. Za pohnutých revolučních událostí roku 1848 se arcibiskupská rezidence stala dočasným útočištěm rakouského panovnického dvora a zde 2. prosince 1848 po odstoupivším Ferdinandu V. nastoupil na rakouský trůn osmnáctiletý císař František Josef I. O dva roky později, 28. a 29. listopadu 1850, byly na rezidenci dohodnuty mezi Rakouskem a Pruskem tzv. olomoucké punktace, zajišťující Rakousku hegemonii v Německém spolku.

Podobu olomouckého Předhradí ve 2. polovině 17. století, s řadou ještě středověkých objektů, zachycuje rytina obrazové univerzitní these Matyáše Schmidta z roku 1676, kterou vytiskl olomoucký tiskař J. J. Kilian. (Po třech stech letech ji ve Státním oblastním archívu v roce 1976 objevil dr. Miloš Kouřil). Obraz představuje pohled na Předhradí od východu v tehdy běžném nadhledovém pojetí. Motivací anonymního tvůrce nebyla pouhá snaha zachovat věrný obraz současného stavu zástavby této východní části Olomouce, nýbrž zobrazit úder blesku do věže Nové brány, tedy skutečnou událost z 23. dubna 1675. Ve srovnání s jinými městskými vedutami patří tato rytina k mimořádně cenným ikonografickým pramenům. Jižní a východní obvod Předhradí, jak již víme, je zastavěn souvislou řadou kanovnických rezidencí s biskupským palácem uprostřed, který byl krátce před vznikem obrazu v roce 1674 dostavěn. V ostře zalomeném jihovýchodním cípu Olomouckého kopce vidíme bývalý biskupský kostel sv. Petra se sousedním klášterem u sv. Jakuba.

Další z mnoha sakrálních objektů rytina zobrazuje gotický klášterní kostel P. Marie, nazývaný „u sv. Františka" poblíž bleskem zasažené věže. Minorité, jimž klášter náležel, přišli do Olomouce z žebravých řádů první, už v první třetině 13. století. K nejvýznamnějším donátorům jejich kláštera patřili moravští Šternberkové, z nichž řada našla v kostele místo svého posmrtného odpočinku. Byl mezi nimi i známý Jaroslav ze Šternberka, údajný vítěz nad Tatary.

V roce 1566 přivedl biskup Vilém Prusinovský z Víckova (1565—72) do Olomouce na pomoc protireformaci jezuity, kterým svůj dosavadní klášter postoupili minorité a sami se přestěhovali do tehdy již opuštěného augustiniánského kláštera u sv. Jakuba. Jezuité, jak ještě uslyšíme, klášter s kostelem později od základů přestavěli.

Proti minoritskému klášteru je na obraze vidět jeden z mnoha olomouckých špitálů s kostelíkem sv. Ducha — původně špitál sv. Antonína, založený v roce 1246.

Středověké město si bez fungujících špitálů nelze vůbec představit. Špitály vznikaly nejprve jako útulky pro malomocné (lepru získávali nejčastěji účastníci křižáckých výprav do Svaté země). Teprve když koncem 14. století u nás lepra nadobro vymizela, měnily svou funkci. Spíše bychom je mohli přirovnat dnešním ústavům sociální péče. Špitály svou charitativní činností alespoň skromným způsobem a v malém rozsahu zmírňovaly lidskou bídu a utrpení, než mohla být pokrokem lidské společnosti řešena účinnějšími prostředky. V Olomouci známe řadu dalších špitálů, z nichž jmenujeme alespoň některé — špitál sv. Ondřeje v poli z roku 1347 (v osadě Ostrovy před hradskou bránou), špitál P. Marie v poli (původně špitál sv. Ducha, nazývaný „malým" na rozdíl od zmíněného „velkého" na Předhradí), špitál sv. Joba a Lazara, špitál sv. Markéty, patřící hradišťským premonstrátům, někde na území osady Ostrovy a mnoho dalších.

Velký špitál sv. Ducha zrušil v roce 1785 Josef II. Budovy zprvu sloužily za kadetku, později do roku 1826 zde byla tkalcovna. Pro sešlost byly objekty (1843) zbourány a v roce 1845 na jejich místě postavilo město trestnici okresního soudu (1902 se přestěhovala do nového justičního paláce). Poslední velká přestavba (1915—6) se uskutečnila podle soutěžního projektu arch. J. Kováře st. Na fasádě budovy, v níž je dnes mimo jiné Divadlo hudby, se harmonickým způsobem prolínají prvky neoklasicistní s kubizujícími. Objekt je považován za významný mezistupeň mezi secesí a monumentalismem 20. let.

Vedle špitálu začínala souvislá řada několika klášterních komplexů. První z nich, klášter klarisek, vznikl rovněž už ve 13. století. Dnešní pozdně barokní kostel s klášterem je posledním sakrálním objektem postaveným v 18. století v Olomouci. Klášterní budovy postavil v letech 1754—70 olomoucký zednický mistr M. Kniebandl a kostel pak v letech 1771—3 podle projektu stavitele V. Bedy. Vnější plášť kostela je členěn vysokým pilastrovým řádem s čabrakovými hlavicemi a půlkruhově zakončenými okny.

15. Olomoucké Předhradí od východu; 1676, rytina (ZA Olomouc)

Po zrušení v roce 1782 je kostel adaptován pro studijní knihovnu a klášter přeměněn v kasárna, později sem bylo umístěno Přírodovědecké muzeum (1908), skladiště a úřady. Po druhé světové válce získala bývalý klášter nová muzejní instituce, Krajské vlastivědné muzeum, která byla vytvořena sloučením několika dřívějších olomouckých muzeí.

Další dva kláštery na severním obvodu Předhradí zmizely po josefínském zrušení z obrazu města takřka beze stop. Klášter kartuziánů s kostelem Nanebevzetí P. Marie vznikl po roce 1425, kdy kartouzu v Dolanech u Olomouce dobyli husité a kartuziáni byli nuceni hledat útočiště za pevnými hradbami města. Klášter v letech 1836—44 nahradila novostavba špitálských kasáren, známých dnes jako kasárna Hanáckého pluku. Mohutná čtyřkřídlová budova, která vnesla do prostoru Předhradí úplně nová měřítka, působí vzhledem k okolní zástavbě značně rušivě.

V těsném sousedství existovala od roku 1491 kanonie augustiniánů — kanovníků s kostelem Všech svatých. Také tento objekt byl po zrušení 1808 demolován a na jeho místě s částečným využitím starších barokních budov byla v letech 1814—22 zbudována kadetka — dnes Dům armády. Zatímco výzdoba hlavní fasády do dnešní ulice 1. máje je výrazem upadající barokní architektury, kamenné portály jsou již typicky empírové.

Středověký charakter Předhradí porušily ještě další velice bolestivé ztráty staré architektury i necitlivé zásahy jak do jednotlivých staveb, tak do celkového urbanismu. V pomyslném středu Předhradí byl již před polovinou 13. století postaven raně gotický farní kostel P. Marie. Podélnou osou ležel souběžně s dnešní ulicí 1. máje (do roku 1876 Soudní — Landrichterei). Jeho loď zasahovala hluboko do dnešního náměstí Republiky. Stavba, kterou vidíme na rytině, pochází až ze 14. století. Masívní zvonice byla přistavěna k západnímu trojlodí koncem 15. století.

Kolem kostela se nacházel rozlehlý hřbitov ohrazený zdí, která sledovala tvar nepravidelného šestiúhelníka. Císařský patent z 20. prosince 1781 se týkal nejen klášterů, ale i přebytečných kostelů, mezi něž byl tento kostel zařazen ve druhém návrhu z roku 1784. V témže roce kostel odsvětili a zrušili. Po té sloužil za vojenské skladiště. Demolice postihla pro špatný stav nejprve zvonici, přistavěnou barokní kapli sv. Vavřince a hřbitovní zeď (1802—3). 1839 byla pak zahájena také konečná likvidace kostela.

Díky poměrně rozsáhlému ikonografickému materiálu známe většinu zaniklých staveb v Olomouci do velkých podrobností. Kostel P. Marie na Předhradí se mimo dobové rytiny a obrazy stal předmětem speciálního zájmu místního obuvnického mistra Josefa Minnicha, který v roce 1826 dokončil jeho plastický mo-

16. Bývalý kostel P. Marie na Předhradí od jihozápadu; 19. století, litografie podle Minnichova modelu (VM Olomouc)

del. Diletantská snaha zachytit co nejvíce detailů svedla autora modelu k četným nepřesnostem. Ani ty však nemohou upřít dílku svoji dokumentární hodnotu a mistru Minnichovi zasloužené uznání. Model, dodnes zachovaný ve sbírkách olomouckého muzea, se stal předlohou ke grafickému zobrazení dávno zbořeného kostela.

    Demolice kostela, zrušení hřbitova a odstranění dalších domů umožnilo dvě velké novostavby — budovu okresního hejtmanství (dnes Okresní knihovna) a objekt hlavní pošty, které pohledově uzavřely východní frontu náměstí Matky Boží nebo také Předhradní, od roku 1919 nazvané náměstí Republiky.

    Budova bývalého okresního hejtmanství byla vystavěna v letech 1853—4. V půdorysu a v utváření průjezdu jsou patrné ještě dozvuky pozdního klasicismu. Symetricky řešené průčelí s množstvím prefabrikovaných plastických detailů je již prvním výrazným projevem romantismu v architektuře Olomouce.

    Bohatě členěná fasáda novorenesanční budovy pošty, zejména průčelí do náměstí, zvýrazňuje monumentalitu architektury projektanta Friedricha Setze z roku 1885. Nadstavbou a dalšími

17. Náměstí Republiky s budovou bývalého okresního hejtmanství (Okresní knihovna) a novostavbou pošty; po roce 1885, fotografie S. Wasservogel (VM Olomouc)

úpravami (zrušen centrální vchod z náměstí) z roku 1921 byla však stavba citelně znehodnocena.

V západním ústí trojúhelníkovitého náměstí stávala po staletí Nová brána, nazývaná někdy též Železná, která se poprvé připomíná v roce 1388.

Nad průjezdem s gotickými portály měla ještě čtyři patra, nahoře renesanční ochoz a značně vysokou helmici ukončenou hrotem s makovicí. Zásah bleskem a následný požár věž nezničil. Po úpravě nejhornější partie existovala až do konce 18. století. Teprve na přímý pokyn císaře Josefa II., vracejícího se přes Olomouc z Ruska, ji nechalo v roce 1786 město zbořit. Její podoba je zachycena na rozměrném plátně Troyerova vjezdu do Olomouce. Zmíněná brána byla pociťována nejen jako brzda vzmáhajícího se provozu města, ale byla asi i posledním svědkem středověkých poměrů, z nichž plynulo rozdělení Olomouce na dvě do určité míry správně samostatné části — vlastní město na západě a Předhradí se silným církevním elementem na východě.

Vývoj olomoucké sídelní aglomerace od raně středověkého hradu na Václavském návrší s Předhradím, spolu s podhradními kupeckořemeslnickými osadami ke středověkému městu, byl značně dlouhý a klikatý. Tak jako většinu ekonomických a společenských procesů té doby, nelze do detailu sledovat v písemných pramenech ani vznik města Olomouce. Ty jsou na informace podobného druhu velmi skoupé. Spíše lze doufat, že pokračující archeologické výzkumy mohou v budoucnu osvětlit ještě řadu temných míst v obraze počátků města.

Asi nejstarší částí je tzv. osada Mořická, pocházející už z 10. nebo počátku 11. století. V 11. století předpokládáme rovněž Židovskou osadu, která je v podobě ulice doložena při obchodní cestě vedoucí z Předhradí po hřebeni Michalského návrší jižním směrem k další osadě Blažejské v prostoru dnešního Malého (dříve Blažejského) náměstí. Lokalizace dalších osad nejsou zatím ověřené.

Existence předměstských osad nikterak nevylučuje kolonizační zásah, který vedl k postupné integraci těchto samostatných sídlišť v jeden městský celek. K založení města jako právnímu aktu došlo za českého krále Václava I., krátce před polovinou 13. století. Vznik města dokládá mimo jiné i příchod žebravých řádů do Olomouce již od 30. let téhož století. Nejprve to byli minorité, kteří se usadili ještě na Předhradí. O něco později dominikáni založili svůj klášter u kostela sv. Michala na nejvyšším Michalském návrší. Poblíž kláštera dominikánů (v místech dnešní školy „Na hradě") měl své sídlo městský fojt (rychtář), který zastupoval feudální vrchnost (v případě královského města Olomouce zastupoval českého krále) ve věcech správních a soudních. Víc než sto let vedli olomoučtí měšťané zápas o získání městské samosprávy do svých rukou. Nejprve si vymohli spoluúčast na zasedáních městského soudu, později ze zástupců měšťanů vznikla rada vedená purkmistrem, která již účinně zasahovala do řízení městské obce. Teprve v roce 1389 moravský markrabí Jošt omezil postavení fojta a purkmistr stanul v čele nejen rady, ale i městského soudu. Od 16. století byl fojt pouhým policejním úředníkem ve městě.

Stabilizaci města a jeho hospodářskou prosperitu podporovali panovníci řadou různých privilegií, která směřovala do oblasti výroby (řemesla) a obchodu, to jest základních atributů středověkého města. Tak kupříkladu Přemysl Otakar II. povolil Olomouci dvoutýdenní výroční trh o sv. Havlu. Rudolf Habsburský po bitvě na Moravském poli osvobodil olomoucké kupce od placení cel v Německu (1278). Král Václav II. v roce 1291 zakázal vrchnosti bránit poddaným stěhovat se do Olomouce, čímž zajistil stálý příliv obyvatelstva do města a tím i jeho postupný růst. Město rovněž obdrželo správní a soudní pravomoc nad

18. Radnice s vojenskou strážnicí a sloup Nejsvětější Trojice od severozápadu; polovina 19. století, litografie (OA Olomouc)

poddanými svých vesnic v okolí. Ve 14. století byla práva hojně rozšiřována: povolen druhý výroční trh o svatodušních svátcích, právo povinného skladu, které ukládalo cizím kupcům nabídnout po tři dny své zboží olomouckým měšťanům. V roce 1351 nařídil moravský markrabí Jan Jindřich povinnou trasu cizím kupcům, směřujícím zejména z Krakova do Prahy a z Brna přes Olomouc.

Všechna privilegia by sama o sobě mnoho neznamenala, kdyby na prvním místě se sami měšťané nepřičinili o rozvoj řemesla a obchodu. Bohatství města rostlo s bohatstvím jeho obyvatel. Časem se vyčlenila úzká skupina nejbohatších měšťanských rodin, která pak ovládala správu města, a na druhé straně se rozšířil počet městské chudiny, jejíž majetek byl minimální a ze všech práv jim zůstala pouze osobní svoboda s právem nechat se najmout na práci. Sociální rozvrstvení feudální společnosti se přirozeně projevilo i ve velikosti a nákladnosti městských obydlí.

Nejstarší městská zástavba byla nepochybně z velké většiny ještě dřevěná, v nejlepším případě kombinovaná s kamenem. Obrovský požár, který v létě 1398 zničil převážnou část městských domů, stal se zřejmě příležitostí k zahájení zděné výstavby města. Uliční čáry a rozvrh náměstí zůstal ovšem zachován. Urbanistická skladba města uchovala tak až po naše časy nejen počáteční situaci města, nýbrž do značné míry také složité sídelní poměry a trasy starých komunikací ještě z doby před lokací.

Jako hlavní městská tržiště sloužila rozlehlá, nepravidelná prostranství Horního a Dolního rynku, jež navzájem spojuje úzká šíje. Severovýchodní nároží obou náměstí bylo zastavěno tzv. bohatými krámy s výsadním postavením drobného

19. Radnice s Caesarovou kašnou na Horním rynku (Horní nám.) od jihovýchodu; 1853, kolorovaná litografie (VM Olomouc)

prodeje. Všech 15 domů do ulice Panské až po uličku Školní mělo až do 19. století souvislá podloubí, která se označovala jako ulice Kramářská (1368), Mezi krámy nebo Pod bohatými krámy či Pod podloubím. Ze 14. století máme doloženy i další názvy ulic; nejstarší z roku 1343 Žebrácká (později Sarkandrova, od r. 1962 Gustava Mahlera) a Ztracená, jejíž název se od roku 1354 nezměnil až podnes. Většina pojmenování ulic souvisí s kumulací určitých řemeslníků. Tak známe už v roce 1367 ulici Ostružnickou a Lázeňskou nebo také Bradýřskou (od roku 1876 Švédská), v roce 1382 Pekařskou a o dva roky později Hřebenářskou (dnes Šemberova). Existenci pekařů v Pekařské ulici potvrdil nedávno také záchranný archeologický výzkum, prováděný na staveništi domu služeb Koruna. Pod požárovou vrstvou z poloviny 14. století byly rozpoznány pozůstatky středověké pekárny. Dochovaly se stopy dřevěné podlahy, na níž stála velká keramická nádoba — asi na kvásek, několik železných nožíků, sekyra a přes 20 zuhelnatělých bochníků chleba, které přečkaly jak požár, tak i následující století. Ve dvoře pekárny byly zahloubeny velké zásobnicové jámy na obilí nebo mouku. Tento jedinečný objev nemá u nás zatím obdobu.

    Důležitým účelovým zařízením města souvisejícím s obchodem, především dálkovým, byla vždy tržnice, jejíž stavbu poprvé povolil v roce 1261 král Přemysl Otakar II. O podobě tohoto objektu nemáme žádné zprávy. Teprve po více než sto letech slyšíme o tržnici opět. V roce 1378 povolil olomouckým měšťanům markrabí Jošt, aby si vybudovali radnici a kupecký dům — neboli tržnici. O spojení těchto dvou objektů svědčí dodnes půdorys olomoucké radnice na Horním rynku. Východní dvoupodlažní trakt obdélného půdorysu s přiloženou věží sloužil radnici. Na jeho západní fasádu navazovaly dvě rovnoběžné budovy s protáhlým dvorem uvnitř, do něhož se otevíraly řady prodejních krámů, tzv. kotců. Stavba radnice a kupeckého domu trvala asi do roku 1411, kdy město prodalo provizorní radnici na Předhradí (čp. 820 na tř. 1. máje č. 5). Ve druhé polovině 15. století je radnice doplněna v pozdněgotickém slohu. Připomeňme zvláště kapli sv. Jeronýma v 1. patře budovy se zajímavě koncipovanou síťovou klenbou a arkýřem na jižní fasádě (dokončena 1488). Dále došlo ke zvýšení celého objektu o další podlaží a konečně na radniční věži vznikl orloj, který je po staroměstském v Praze nejstarší u nás. První zmínka z pera humanistického básníka Stephana Taurina pochází až z roku 1519: „u oněch hodin, které byly mistrně zhotoveny s některými podivuhodnostmi pohyblivými znameními a jež cizí kupci, kteří prošli velkou část světa, slavnostně přisuzují toliko Olomouci."

Radnice, podobně jako každý jiný objekt ve městě, podléhala změnám, které si vynutily záměry funkční nebo jen důvody měnícího se vkusu a dobového názoru na stylové či výtvarné vybavení. Před polovinou 16. století nechali radní vybudovat nový vstup ve východním průčelí přímo do zasedací síně v 1. patře. Kamenný portál, bohatě zdobený jemnou reliéfní výzdobou, je mistrovským dílem neznámého severoitalského sochaře, jehož olomoucká práce náleží k významným dokladům rané recepce vyspělého renesančního umění v našem prostředí.

V další etapě úprav radnice, která sahá až do 2. poloviny téhož století, bylo k portálu pořízeno dvouramenné schodiště s lodžií, dokončené 1591. Rekonstrukci orloje svěřili tehdy Hansi Pohlovi a Paulu Fabriciovi. O deset let později dostala novou podobu ještě radniční věž, zvýšená nadstavbou a helmicí se dvěma cibulemi na 75 m. Od té doby se stala jednou z výrazných dominant města, která nechybí na žádné městské vedutě.

Následné úpravy radniční budovy se od 17. století netýkaly už její základní stavební podstaty, ale omezily se výhradně na nutné rekonstrukce v interiéru a na úpravy fasád. Na počátku 18. století byly odstraněny kramářské kotce z nádvoří radnice, což mělo za následek chaotické stavění krámů kolem budovy. Na zásah městské rady jsou pak při jižním a severním průčelí vybudovány jednotné krámy. Vzhled radnice v 18. století po barokní úpravě fasád dokládá řada dobových rytin a kreseb. Severní fasádu s věží a barokním freskovým orlojem olomouckého malíře J. K. Handkeho máme asi nejlépe zobrazenu na plátně známého Troyerova vjezdu.

V roce 1755, tedy už v době existující olomoucké pevnosti, byl při severozápadním nároží radnice postaven přízemní objekt vojenské strážnice. Po jejím zbourání zaujal toto čestné místo v roce 1896 pomník panujícího rakouského císaře Františka Josefa I. Z náměstí zmizel po získání československé samostatnosti, kdy byl v roce 1919 odstřelen. Olomoucká ikonografie a nejstarší pohlednice dokládají ještě před západním průčelím radnice Křížovou studnu, která musela být zřízena pro nedostatek pitné vody ve městě v roce 1845. Studnu napájel tzv. Křížový pramen pod Tabulovým vrchem pomocí právě vybudovaného vodovodu. Výtah pramenité vody zajišťovala rourová ramena na sloupu s lucernou, k němuž se z náměstí sestupovalo vždy po osmi schodech čtyřmi, do kříže situovanými rameny. Celá studna byla zabezpečena železným zábradlím. Po kalamitách s vodovodem od Křížového pramene v 80. letech minulého století muselo město hledat zdroje pitné vody velkorysejším způsobem. Před koncem století je zaveden městský vodovod, který záhy rozhodl o další existenci Křížové studny. Na začátku našeho století (1906) je pak místo studny zřízen veřejný záchodek, sloužící až do roku 1956, kdy dochází k definitivnímu zrušení; prostranství před radnicí je vydlážděno.

Autorem dnešní podoby radnice se stal vídeňský architekt G. Berger. Jeho nepříliš zdařilou rekonstrukcí ze začátku 19. století bylo dotčeno především severní průčelí, které pozbylo svoji někdejší vyváženost hmot vysoké věže a dlouhé klidně působící fasády. V novém horizontálně pojatém řešení s aplikací symetrické výzdoby se stal ústředním motivem osový štít s balkónem na krakorcích, atika provázána arkýřovými věžičkami a na hřebenu střechy v ose štítu vysoká věžič-

20. Radnice s vojenskou strážnicí a Křížovou studnou od jihozápadu; po roce 1890, lavírovaná perokresba L. E. Petrovitse (OA Olomouc)

21. Ulice Česká (8. května) s kostelem sv. Mořice od západu, objekty na místě současného obchodního domu Prior; 3. třetina 19. stol., fotografie

ka. Okna slavnostního sálu v prvním patře dostala pozdně gotickou podobu. Iniciátorka přestavby, německá městská rada, nesklidila pochvalu tehdejší odborné veřejnosti. „Původní obraz radnice byl zničen neuspokojivým pokusem o falešnou stylistickou jednotu" (Max Dvořák). A tak se v případě olomoucké radnice opět potvrdilo, že kde je moc a peníze, nemusí být ještě rozum a vkus.

Nejinak dopadla i rekonstrukce historického orloje, provedená v letech 1895—98. Značně sešlé nástěnné malby Handkeho vyžadovaly náročnou restauraci. Místo ní byla barokní, poněkud naivní podoba orloje nahrazena akademicky strnulou kulisou s titěrnou pseudogotickou výzdobou. Poškození orloje na konci 2. světové války poskytlo příležitost vypořádat se s tímto nešťastným řešením, žel, s výsledkem velmi problematickým. Autorem rozměrné mozaiky s národopisnými motivy (Honění krále a Královničky), nadživotními postavami dělníka a výzkumníka v dolní části a postranními kruhovými obrazy se symbolem měsíců se stal Karel Svolinský, rodák z nedalekého Svatého Kopečka. Pohyblivé figurky od M. Svolinské formálně i obsahově odrážejí dobový názor (1955). Celkové vyznění výzdoby olomouckého orloje nepřesahuje provinční výtvarné hodnoty.

Mezi mnohými kultovními stavbami v Olomouci vyniká jako perla hlavní farní kostel sv. Mořice. Nejstarší jeho podobu z doby počátků města zničil nejspíše velký požár na konci 14. století. Roku 1412 je zahájena výstavba nového chrámu. Mohutné halové trojlodí s trojitě ukončeným presbytářem, zaklenuté křížovou a pozdně gotickou síťovou klenbou, náleží k vrcholům gotické architektury na Moravě. Vnitřní prostor o délce 54 m je osvětlován rozměrnými gotickými okny s bohatou kružbou a předělen dvěma řadami složitě profilovaných pilířů, nesoucích 22 m vysokou klenbu. Západní průčelí s úzkým portálem hlavního vstupu je opatřeno dvěma hranolovými věžemi, z nichž jižní, neomítnutá, je nejstarší součástí stavby. Výstavba kostela musela být několikrát přerušena, takže definitivní dokončení sahá až k roku 1540. Poslední velký požár kostela v roce 1709 zničil mimořádně strmou střechu (převyšovala dokonce výšku věží), kterou nahradila střecha nižší, a veškeré původní zařízení interiéru.

Na barokní kruchtě z roku 1723 postavil v roce 1745 vratislavský varhanář Michael Engler skvost mezi našimi varhanními nástroji. Varhany byly v 60. letech našeho století rekonstruovány a rozšířeny, že patří k největším ve střední Evropě.

Novogotická restaurace kostela sv. Mořice je po regotizaci dómu druhou největší restaurátorskou akcí v Olomouci. V polovině 19. století bylo vyměněno několik barokních oltářů a pořízena nová pseudogotická kazatelna. Později byl pořízen nový křídlový oltář ve stylu pozdní gotiky a vitráže gotických oken. Vlastní restauraci zahájil v roce 1874 Stavební spolek olomouckého kostela sv. Mořice (ustavený 1869) pracemi v interiéru, které byly dokončeny 1886. Po té měla následovat úprava západního průčelí. Hlavní projektant novogotické přestavby dómu G. Meretta navrhoval průčelí a zejména hranolové věže radikálně přestavět. Díky zásahům vídeňské Centrální komise se neuskutečnily puristické představy Merettovy, ani mnoha dalších architektů. Věže byly pouze restaurovány bez doplňků nebo dokonce pseudogotických přístaveb v letech 1904—8. Kostelu sv. Mořice zůstal zachován jedinečný charakter středověkého originálu.

Na počátku 70. let bylo rozhodnuto o demolici bloku měšťanských domů před západním průčelím kostela sv. Mořice, v jejichž jižní části se nacházel nevyhovující obchodní dům Kolektiv (bývalé „ASO"), v souvislosti s plánovanou novostavbou obchodního domu Prior. Demolice otevřela netušený prostor umocňující monumentalitu kostela. Přání veřejnosti nezastavovat uvažované staveniště, ale rozšířit jím stávající malé prostranství Mořického náměstí (dnes podle názvu součást ulice 8. května) by bylo stejně necitlivým zásahem do urbanistické skladby historické Olomouce, jakým jsou stále častější ztráty původních objektů na úkor neadekvátní úrovně novostaveb bez architektonické a výtvarné kvality. Konečně ani prostor náměstí u mořického kostela není středověký. Vznikl teprve dodatečně, až v důsledku josefínského rušení církevních objektů. Původně byl kolem kostela sv. Mořice hřbitov, zrušený v roce 1784. V průběhu 14. a 15. století vzniklo kolem kostela několik kaplí. Nejstarší z nich — kaple sv. Mikuláše, je připomínána poprvé 1331. Kaple zanikla v roce 1549 a její oltář byl přenesen ke sv. Mořici. Rovněž kapli sv. Felixe a Adaukta, založenou 1360, po požáru v roce 1492 olomoučtí zbořili a novou stejného zasvěcení postavili na předměstí Gošiklu. Kolem roku 1400 vznikla kaple sv. Anny a Augustina. Takzvaná moravská nebo také česká kaple (podle níž nesla pojmenování i dnešní ulice 8. května) byla zasvěcena slovanským věrozvěstům sv. Cyrilu a Metodějovi a je doložená v polovině 15. století. Postavená byla však už ve století předcházejícím, zbořena pak koncem století 18. Její základy odhalil archeologický záchranný výzkum při výstavbě druhé etapy obchodního domu Prior. Dochovaná ikonografie kostela sv. Mořice z 19. století nezná už žádnou z uvedených kaplí.

Ve frontě domů proti severní lodi kostela je na obrazovém materiálu doložen objekt mořických kasáren, postavený v roce 1750 na místě tzv. Třebovského domu, v němž se od roku 1538 čepovalo třebovské pivo. Budova kasáren byla zbořena v roce 1874 a na jejím místě vystavěn monumentální novorenesanční objekt německé reálky. Školu postavil olomoucký stavitel F. Kotas, ale návrh honosného průčelí dodal vídeňský architekt A. Krumholz.

Jednoduchý blok Prioru, jehož plášť je výrazně vertikálně členěn tvarovanými betonovými panely a prosklenými plochami kouřového zabarvení, odráží nejen kompromis mezi představami projektanta a možnostmi investora, ale i bezradnost a průměrnost architektonické tvorby své doby. Respektováním starých uličních čar i výškové nivelety původní zástavby se sice podařilo značně potlačit tvrdý zásah moderního utilitarismu v exponovaném historickém prostředí, v žád-

22. Radnice na Horním rynku (Horní nám.) od západu; po roce 1890, akvarel L. E. Petrovitse

ném ohledu se však olomoucký Prior nestal šťastným řešením, a to nejen z hlediska památkového, ale i provozního.

Křesťanské kultovní objekty se ani ve vlastním městě neomezily pouze na farní kostel sv. Mořice. Mimo něj zde vzniklo ještě několik klášterů. První z nich vybudovali dominikáni u starší kaple sv. Michala na temeni nejvyššího vrchu Olomouckého kopce. Příchod dominikánů do Olomouce lze určit mezi léta 1238 až 40. Z původního gotického kláštera však nezůstalo mnoho. Ambit vznikl ve dvou etapách. Severní a východní křídlo vystavěla před rokem 1380 nejspíše huť budující ambit při olomoucké katedrále. Zbývající křídla pocházejí z konce 14. století. K východnímu křídlu gotického ambitu přiléhá skvost gotické architektury na Moravě, kaple sv. Alexia, z níž se dochoval vstupní portál a pětiboce ukončený presbytář.

23. Celkový pohled na Olomouc od jihozápadu, uprostřed kostel sv. Michala; 19. století, ocelorytina (Galerie Olomouc)

Klášterní kostel olomouckých dominikánů, ačkoliv si uchoval základní proporce gotické stavby, byl v letech 1673—99 radikálně přestavěn do stylu raného baroka. Autorem projektu barokní přestavby se stal G. P. Tencalla a byla vyslovena domněnka o možné spoluúčasti dalšího významného architekta D. Martinelliho. Nad třemi čtvercovými poli, které tvoří obdélný sálový prostor kostela, jsou vztyčeny mohutné kupole na osmibokých tamburech, z nichž prostřední mírně převyšuje kupole sousední. Bohatá štuková a fresková výzdoba kostelního interiéru sahá dobou svého vzniku už do prvních let 18. století. Současnou podobu získal interiér po velkém požáru města v roce 1709.

V důsledku zrušení domovského kláštera v roce 1784 se dominikáni museli přestěhovat do zrušeného kláštera františkánů-bernardinů na olomouckých Bělidlech. V této době získalo průčelí kostela sv. Michala dvě barokní sochy ze zrušeného kostela P. Marie na Předhradí (z ohradní zdi hřbitova), dílo sochaře O. Zahnera. Na počátku našeho století byly pak k severní kostelní zdi přeneseny další čtyři barokní plastiky ze západního předměstí Olomouce.

Budovu bývalého kláštera přestavěl v letech 1835—41 arcibiskupský architekt Anton Arche pro kněžský seminář. Nejnápadnějším doplňkem je klasicistní portikus, tvořený dvojicemi sdružených toskánských sloupů. Krátce před první světovou válkou přistavěl olomoucký stavitel J. Hubík směrem do Purkrabské ulice nový trakt.

Malé, nepravidelné Žerotínovo náměstí (dříve Michalský plac a v letech 1841—1918 nám. Maxe Josefa) před bývalým dominikánským klášterem s protilehlou frontou skromných měšťanských domů inspirovalo v 19. století několik malířů (E. Pendl, L. E. Petrovits) k zachycení dobové atmosféry zdejšího tržiště kypícího životem. Zvláště půvabný je pohled úzkou Školní ulicí s typickými

24. Kasematy před klášterem a kostelem sv. Kateřiny od jihu (z místa dnešní tržnice); 3. třetina 19. století, fotografie (VM Olomouc)

prampouchy k hlavnímu náměstí se štíhlou radniční věží. Láká k zachycení fotografickou kamerou stejně, jako tužkou či štětcem umělcovým.

V jihozápadním okraji města, poblíž jedné z městských bran (později nazvané Kateřinské), vznikl někdy ve druhé polovině 13. století klášter dominikánek s kostelem sv. Kateřiny. Výstavba definitivních budov kláštera a kostela spadá do poloviny 14. století a je třeba ji přiřknout okruhu stavební hutě působící v Olomouci za biskupa Jana Volka. Hlavní gotický portál vznikl až koncem roku 1400. Po zrušení kláštera získala objekt jiná ženská řehole — voršilky, které zde zřídily školu. Interiér kostela byl v roce 1848 novogoticky upraven, což je v Olomouci nejstarší projev romantické restaurace středověké památky.

Poslední středověká stavba vznikla na předměstí Bělidlech. Teprve v roce 1525 přijalo město tuto část do svého organismu a obehnalo je hradbou. Podně-

25. Bývalá Kateřinská brána, zbořená v roce 1878; 3. třetina 19. století, fotografie (VM Olomouc)

tem k výstavbě kláštera bernardinů (podle sv. Bernardina Sienského) se stala dvojí (1451 a 1454) návštěva generálního vikáře minoritského řádu Jana Kapistrána v Olomouci. Ohnivá kázání italského františkána proti utrakvistům se setkala podle soudobé legendy s velkým úspěchem.

Pozdněgotický kostel Neposkvrněného početí P. Marie s klášterem vznikl v letech 1454—68. Architektonicky i výtvarně střízlivá kostelní stavba, pozůstávající ze západního síňového trojlodí sklenutého křížovou klenbou a protáhlého presbytáře s polygonálním závěrem, byla vysvěcena v roce 1468. Účastnil se jí i uherský král Matyáš Korvín, zvolený o rok později v Olomouci katolickými pány za českého krále.

Mimo volbu krále Matyáše proti Jiřímu z Poděbrad stala se Olomouc v této době dějištěm i dalších významných politických ujednání. Po smrti Jiřího z Poděbrad (1471) a volbě Vladislava

Jagellonského za českého krále uzavřel Vladislav Jagellonský a Matyáš Korvín 7. prosince 1478 na olomoucké radnici smlouvu o příměří. Podle ní měli Matyáš i Vladislav užívat titulu český král; Vladislav však ve skutečnosti vládl pouze v Čechách, zatímco vedlejší země České koruny (Morava, Slezsko, Horní a Dolní Lužice) zůstaly Matyášovi a po jeho smrti mohly být vyplaceny. Olomoucké dohody potvrdili oba panovníci při osobním setkání 2l. července v domě proti radnici (dnes kavárna Opera). Spor o příslušnost vedlejších zemí nevyřešila ani volba Vladislava Jagellonského za uherského krále (Matyáš zemřel 1490). Likvidoval jej až nástup Habsburků na český trůn po bitvě u Moháče (1526).

Restaurátorský průzkum vnitřních stěn klášterního kostela Neposkvrněného početí P. Marie v roce 1983 odhalil řadu vzácných pozdně gotických a renesančních nástěnných maleb. Z hlediska kulturní historie má nesporně největší význam rozměrná kresba pokrývající velkou část (46 m^2) plochy severní stěny presbytáře. Jedná se o monumentální líniovou kresbu černé barvy nanášenou štětcem přímo na utahovanou gotickou omítku, která nebyla opatřena podkladovou vrstvou, pouze natřena vápenným mlékem. Obraz představuje historickou událost slavné bitvy u Bělehradu 22. července 1456. Záchrana Bělehradu proti turecké přesile se stala prvním a na dlouhou dobu jediným vítězstvím křesťanů. Boj proti Turkům v obleženém Bělehradě vedl Jan Korvín Hunyady, otec pozdějšího uherského krále Matyáše. Soudobá legenda však hlavní zásluhu na vítězství připisuje Janu Kapistránovi a síle jeho modlitby. V době největšího ohrožení města se uchýlil do hradní kaple, aby modlitbou vyprosil vítězství Hunyadyho zbraním. Na olomouckém obraze jsou oba aktéři zpodobněni — Hunyady jako rytíř v brnění a Kapistrán ve františkánském hábitu s obrazem Krista.

Objev tak rozměrné nástěnné kresby s nečekaným námětem bělehradské bitvy dokresluje politickospolečenské ovzduší Olomouce v době svěcení klášterního kostela. Vždyť oba slavní vítězové z Bělehradu měli bezprostřední vztah k Olomouci i bernardinskému klášteru. Kapistrán jako jeho zakladatel a Matyáš Korvín jako syn Hunyadyho, bojující proti „české husitské herezi".

Obraz vznikl s největší pravděpodobností z propagandistických a ideologických důvodů nedlouho po vysvěcení kostela na základě dobové kresebné předlohy a nepostrádá ani realistické prvky skutečné historické události. Svědčí o tom architektura města s jeho statečnými obhájci i zobrazení tureckých dobyvatelů v turbanech, praporce s půlměsícem a množství děl. Děla před i po Bělehradu zajišťovala Turkům jednoznačná vítězství. Změněné politické poměry si však zanedlouho asi vynutily obraz jako corpus delicti raději zalíčit. Dnes se samozřejmě díváme na tuto památku jinýma očima. Máme před sebou zajímavé umělecké dílo pozdně gotické kresby, která je jednou z nejstarších dochovaných ikonografií bělehradské bitvy. Kulturní význam tohoto objevu nebyl zatím po zásluze doceněn.

26. Obléhání Bělehradu, nástěnná kresba v kostele Neposkvrněného početí P. Marie, stav po restauraci

Po překonání důsledků husitských a česko-uherských válek nastává na přelomu 15. a 16. století všeobecná hospodářská prosperita. Projevila se zejména ve zmohutnění ekonomického potenciálu většiny našich měst. Stabilizací vnitřního i dálkového obchodu a novým rozvojem řemesel bohatli měšťané i města. Tím bylo posilováno také politické postavení měst a zámožných měšťanů v rámci feudální společnosti. V důsledku šíření humanistických myšlenek, které nacházely živnou půdu především v městském prostředí, dochází k pozvolné laicizaci vzdělanosti a rozvoji měšťanské renesanční kultury. Zatímco humanistické ideje proměnily člověka a jeho myšlení, renesanční umění měnilo dosavadní středověký, gotický životní styl a celou kulturu.

Tato velká epocha evropské civilizace nemohla minout nejvýznamnější královské město na Moravě. Olomouc se v této době stala velkým a bohatým měs-

27. Blažejské náměstí, v jehož středu stával kostel sv. Blažeje, zbořen 1840, pohled od jihozápadu; 19. stol., kresba tužkou (VM Olomouc)

tem. Rychle přibýval počet domů, takže v polovině 16. století jich mělo město kolem 1200 a počet jejich obyvatel dosahoval bezmála 8000. O likvidaci staré gotické zástavby, v níž nechybělo ani mnoho dřevěných domů, se postaral svým dílem i zhoubný požár v roce 1492. V několika hodinách strávil celou třetinu města. Renesanční modernizaci města přispěla rovněž soutěživost zámožných měšťanů se šlechtou, která si od roku 1486 mohla v královských městech kupovat domy. Smír mezi moravskou šlechtou a královskými městy přinesl však výhody i pro měšťany. Směli od té doby svobodně získávat šlechtický majetek zapsaný v zemských deskách (tzv. deskové statky).

První ohlasy renesanční kultury a umění v Olomouci jsou spojeny s pobytem italsky orientovaného dvora uherského krále Matyáše Korvína za mírových jednání v roce 1479. K šíření renesance v Olomouci přispěl rovněž správce olomouckého biskupství v letech 1482—97, někdejší varadínský biskup Jan Filipec z Prostějova, pochovaný ve františkánském klášteře v Uherském Hradišti. Významnými propagátory humanistických myšlenek a renesanční kultury na Moravě, zejména však v Olomouci, byli i olomoučtí biskupové té doby a členové biskupské kapituly. Z nich nejvíce vynikl Augustin Olomoucký, občanským jménem Kösenbrot. Z olomouckých biskupů pak především Stanislav I. Thurzo (1496—1540), Jan XIII., zvaný Dubravius (1541—52) a olomoucký rodák Marek Khuen (1553—65). Stanislav Thurzo v Olomouci dokonce zorganizoval a štědře podporoval humanistickou společnost Sodalitas litteraria marcomanica, známou též jako Societas Maierhofiana. Jejími členy byli radní města, kanovníci i pozdější biskupové Dubravius a Khuen.

Renesanční přestavba a výstavba Olomouce v 16. století byla umocněna jednak hospodářskou prosperitou měšťanů, jednak vyvolána potřebou přizpůsobit době úroveň bydlení i snahou reprezentovat nový životní styl, který se zcela lišil od dosavadního způsobu života.

Staré gotické domy, postavené na úzkých a protáhlých parcelách, s často nepatrnými obytnými, prodejními či výrobními prostorami, nalepené jeden vedle druhého v ulicích i na tržištích, nemohly už vyhovovat nárokům a potřebám nové měšťanské kultury. Nálezy při rekonstrukcích a restauracích v 19. a 20. století, zejména v souvislosti s památkovou obnovou historického jádra v posledních třech desetiletích, stále častěji přinášejí doklady o rozsahu i způsobu proměny Olomouce z gotického na renesanční město. Nejčastěji se asi majitel musel spokojit s pouhou modernizací stávajícího objektu. V přízemí a v prvním patře buď ponechal klenby gotické nebo vybudoval nové, renesanční. V dalších patrech bývaly povětšině zřizovány dřevěné záklopové stropy s bohatou malířskou dekorací. Fasády obohatily arkýře, renesanční štíty a nová okna.

Dokladem takové přestavby je např. dům čp. 183 na nároží ulice Panské a Školní, nedávno opravený pro potřeby Okresního střediska státní památkové péče (dnes Památkový ústav). Z původní pozdně gotické stavby zůstal pouze klenutý sklep, zčásti zahloubený do skalního podloží. Radikální renesanční přestavbu ve 2. polovině 16. století dokládají kamenná ostění dvou oken v patře a síťové hřebínkové klenby v přízemí i v 1. patře. Prostor pater je nepatrně rozšířen arkýřem, který je nesen masivními kamennými krakorci. Ve druhém patře byly objeveny malované dřevěné záklopové stropy.

Měl-li majitel dostatek finančních prostředků a možnost koupě sousedního domu, případně i více domů, mohl přikročit k přestavbě nebo novostavbě velkého palácového objektu. I takové nově budované renesanční paláce mívají nezřídka zachované gotické sklepy, často i původní gotická přízemí. Renesančních objektů se vzhledem k velkým ztrátám za třicetileté války a následným barokním přestavbám dochovalo žalostně málo. Takový osud stihl kupříkladu palác čp. 410 na Horním náměstí č. 25. Z jeho renesanční podoby zůstaly zachovány pouze dvorní arkády s toskánskými sloupy v 1. a 2. patře bočního křídla, zazděné za barokní přestavby. Obdobná situace je v domě čp. 194 na Dolním náměstí č. 7. Na gotických základech je ve 2. polovině 16. století postaven dům s renesančními klenbami ve vstupní síni a v patře. V jeho dvorním průčelí se nacházejí arkády s toskánskými sloupy. Zbývající části objektu nesou již podobu barokní úpravy z 18. století. Při památkové rekonstrukci byly v patře objeveny malované záklopové stropy ze 17. a 18. století. Stejná situace je zjištěna i ve dvou sousedních domech č. 8 a 9.

K výjimečně dochovaným renesančním budovám patří Edelmannův a Hauendschildův palác. Bohatý měšťan Václav Edelmann z Brasdorfu si nechal v poslední třetině 16. století postavit honosný dvoupatrový renesanční palác na místě dvou starších domů v severní frontě hlavního tržiště (dnes Horní nám. č. 5, čp. 367). Téměř intaktně je dochována trojtraktová dispozice s křížovými hřebínkovými klenbami v přízemí a v prvním patře, které vybíhají z kamenicky zdobených patek. Mimořádná péče byla věnována čelnímu průčelí s otevřenou lodžií (arkádou) v obou patrech s bohatě zdobeným kamenným portálem. Obdélné výplně pod parapetem lodžií nesou v pískovci zhotovené reliéfy s biblickými výjevy.

V letech 1770—1811 se v bývalém Edelmannově paláci pořádaly koncerty Collegia musica. V levé části fasády je umístěna pamětní deska. Připomíná, že zde v letech 1829—31 bydlel tehdejší pevnostní velitel, polní maršál Jan Josef Václav Radecký. Od roku 1850 do počátku našeho století (1904) sídlily v tomto objektu městské úřady. V roce 1869 byly provedeny klasicistní úpravy zadního traktu a restaurována fasáda do náměstí. Autor restaurace F. Kottas se inspiroval florentskou renesancí 15. století. Respektoval původní lodžii a portál, ale vše ostatní podřídil jednotícímu záměru restaurace směřující k novorenesanci. Úprava Edelmannova paláce v Olomouci je jednou z prvních restaurátorských akcí profánní architektury v českých zemích.

F. Kottas a kameník E. Melnitzky restaurovali později také Edelmannovu hrobku při kostele sv. Mořice. V roce 1572 si ji nechal postavit V. Edelmann pro svoji rodinu.

Neméně honosný palác reprezentoval po roce 1583 bohatého obchodníka s vínem Matyáše Hauendschilda z Fürstenfeldu na nároží dnešního Dolního nám. (č. 38, čp. 27) a ulice Lafayettovy. Původně dvoupatrová budova na lichoběžníkovém půdoryse stojí na místě několika starších domů, z nichž zůstaly zachovány zřejmě jen gotické sklepy. V přízemí paláce se uplatňuje zejména prostorný dvoulodní mázhaus, zaklenutý křížovými hřebínkovými klenbami, které

28. Edelmannův palác před restaurací průčelí, Horní rynk (Horní nám.); 1865, fotografie (VM Olomouc)

nesou v podélné ose toskánské sloupky. Mimořádně bohatá je kamenická výzdoba průčelí. Široký vstupní portál mimo běžné renesanční dekorativní prvky oživují reliéfní hermy a po stranách sloupy, na nichž v úrovni nad kladí jsou vztyčeny skulptury rytířů — štítonošů Čech a Moravy. Vyvrcholením plastické výzdoby je nárožní dvoupodlažní arkýř, pojednaný reliéfy antických příběhů z Ovidiových Metamorfóz, zřejmě od J. Gialdiho podle předloh V. Salise.

Na počátku 18. století byl Hauenschildův palác barokně upraven. Tehdy vznikly bohatě zdobené okenní frontony se štukovými medailóny, festony a girlandami. Dodatečná nadstavba třetího patra v letech 1883—84 necitlivě porušila kultivovanost někdejší palácové architektury. V 17. století je palác podle domovního znamení nazýván „U zlatého jelena". Od roku 1726 změnil označení na dům „U černého orla". Pohostinských služeb provozovaných v tomto objektu využilo mnoho významných návštěv Olomouce. 1619 to bylo turecké poselstvo, po dobytí města v roce 1742 zde dočasně pobýval pruský král Friedrich II. a v roce 1767 se tu nakrátko ubytoval solnohradský kapelník Leopold Mozart, když se svými dětmi Nanerl a Wolfgangem Amadeem utíkal z Vídně před epidemií neštovic. Po onemocnění mladého génia přijali Mozartovi pohostinství olomouckého kapitulního děkana hr. Leopolda Podstatského-Lichtenštejna.

Vysokou výtvarnou úroveň mnoha dalších renesančních domů a paláců avizují bohatě zdobené kamenné portály nebo jiné architektonické detaily. Řada portálů vzala za své při modernizacích v 19. století, některé však zůstaly zachovány přenesením do interiérů, dvorů nebo jen do ohradních zdí. Náhodné nálezy při současných památkových restauracích skýtají nové možnosti nahlédnout do podoby zaniklých objektů. Nedávno objevené zbytky renesanční nástěnné malby (postava měšťanky, štítky a letopočet 1573) na uliční fasádě nevelkého řadového domu čp. 232 v Univerzitní ulici č. 4 otevírají zcela nečekaný pohled na mnohotvárnou výzdobu olomouckých měšťanských domů 16. století. O výstavnosti a nádheře renesanční Olomouce jako celku si však přesto nedokážeme zatím učinit ucelenou představu. Z nemnoha dochovaných objektů, ale zato početných detailů a fragmentů, tušíme bohaté a výstavné město, které odpovídalo nejen hospodářské síle měšťanstva, nýbrž i politickému a kulturnímu postavení moravské metropole ve století před třicetiletou válkou.

V oblasti vzdělanosti dosáhla Olomouc v oné době významného postavení a proslulosti. K dosavadním školám, katedrální a městské, přibyla dokonce univerzita, čímž se Olomouc stala druhým univerzitním městem v českých zemích. Vznik olomoucké univerzity nesouvisel ani tak s pouhým ideálem vzdělanosti a vědění, jako spíše s praktickou potřebou katolické církve. Zostřující se vztahy a prohlubující se rozpory mezi katolíky a protestanty vedly olomoucké biskupy, počínaje Vilímem Prusinovským z Víchova (1565—72), k zahájení účinnější protireformace. Proto krátce po svém zvolení biskupem pozval Prusinovský do svého diecézního sídla řád Tovaryšstva Ježíšova. Jezuité měli působit nejen jako misionáři a kazatelé, ale také jako organizátoři katolického školství. V roce 1566 založili v Olomouci řádovou kolej a učiliště (gymnázium), které 1573 dostalo od císaře Maxmiliána II. statut vysoké školy-univerzity, s právem promovat posluchače ke všem hodnostem, jako to měly jiné evropské univerzity. O šest let později vzniklo ještě Collegium Nordieum zaměřené na výchovu katolických misionářů pro země severní Evropy zasažené reformací.

Největšího rozmachu dosáhla olomoucká jezuitská univerzita v 18. století, kdy vznikl rozsáhlý komplex budov kolem kostela P. Marie Sněžné, jak o tom ještě uslyšíme. Po zrušení řádu v roce 1773 byla univerzita postátněna. Existenční problémy, v nichž se univerzita ocitla konfiskací jezuitských statků, nepořádky v řízení a pokles úrovně studia vedly rakouské úřady k přeložení univerzity v roce 1778 do Brna. Po několika letech se sice vrátila zpět do Olomouce (1782), změněna však na pouhé lyceum. V roce 1827 na žádost olomouckého arcibiskupa, arcivévody Rudolfa (bratra císaře Františka I.) je univerzita obnovena s názvem Universita Františkova. Po čtvrtině století ji opět stihl osud likvidace. Reakcí na účast některých učitelů a studentů olomoucké univerzity na událostech revolučního roku 1848 byli po porážce revoluce a nástupu Bachova absolutismu perzekuováni nejen jednotlivci, nýbrž celá univerzita. Jak tomu v takových dobách bývá, zaměřila se nepřízeň nejprve proti filozofické fakultě, která byla zrušena v roce 1851, zakrátko přišla na řadu fakulta právnická, až konečně 1860 byla zrušena celá univerzita. Nadále trvá pouze teologická fakulta. Všechny následující pokusy o obnovení univerzity v Olomouci zůstaly neúspěšné, a dokonce ani vznik samostatného Československa nic na věci nezměnil. Teprve po 2. světové válce byla zákonem č. 35 z 21. února 1946 starobylá olomoucká univerzita obnovena s názvem Univerzita Palackého.

Prohlubující se sociální a ekonomické protiklady a rostoucí napětí mezi dvěma nepřátelskými tábory, katolickým a protestantským, přivedly evropskou společnost na počátku 17. století do hluboké krize. Ta vyústila v obrovský válečný konflikt — třicetiletou válku, na jejímž konci nebylo vítězů ani poražených — jen nesmírná bída, utrpení a nedozírné materiální škody.

Ani Olomouc, před válkou kvetoucí, bohaté a výstavné město, nezůstala ušetřena. Vlastní průběh válečných operací se města bezprostředně nedotkl. Teprve v závěru války byla Olomouc dobyta švédským vojskem, které zde „hospodařilo" ke zkáze města a naprostému ožebračení jeho obyvatel. Když Švédové dva roky po podepsání Vestfálského míru (1648) opouštěli Olomouc, zanechali zde

29. Barokní kaple bl. Jana Sarkandra po úpravě v r. 1860; 3. třetina 19. stol., fotografie (VM Olomouc)

doslova zpustošené, pobořené a vypálené město. Osmiletá okupace (1642—50) přivedla Olomouc takřka k úplnému zániku. Většina obyvatel pro neschopnost platit Švédům stále nové a nové daně a odvody byla z města vyhnána. Hospodářství bylo úplně rozvráceno, většina domů zničena, vydrancována a nejbližší okolí města změněno k nepoznání. Ze strategických důvodů nechali Švédové srovnat se zemí všechna předměstí, nevyjímaje ani klášter Hradisko. Císařský komisař Jan Jakartovský ze Sudic popsal v dopise císaři Ferdinandu III. stav Olomouce víc než výstižně: „Ve městě Olomouci bylo před příchodem Švédů 700 měšťanských, šlechtických a duchovenských domů; nyní ale ze 77 domů šlechty a duchovenstva je jenom 23 schopno k obývání, 18 je napolo zničených a 36 se zřítilo. Z 623 měšťanských domů je obydleno jenom 145; napůl zničeno je 242, spadlo 236. Mimo to v předměstích, podléhajících městské spravedlnosti, bylo přes 656 domů, ze kterých nestojí ani jediný. Obyvatel bylo ještě roku 1640 přes 30 000, nyní jich není více než 1675."

Zanedbatelné nebyly ovšem ani ztráty kulturní v užším slova smyslu. Řada vzácných uměleckých děl, obrazů, liturgického náčiní (kalichy, monstrance, relikviáře a další) a zejména starobylé rukopisy putovaly do Švédska. Jeden z nejvzácnějších rukopisů, který vznikl přímo v Olomouci, je dodnes uložen v královské knihovně ve Stockholmu. Je jím románský kodex, tzv. Olomoucké horologium, napsané před polovinou 12. století ve skriptoriu biskupa Jindřicha Zdíka.

Význam Olomouce upadl také po stránce politické a správní. Ještě před švédskou okupací v roce 1641 byly z Olomouce přeneseny všechny zeměpanské úřady do Brna, kde došlo ke sjednocení dosud podvojné stavovské správy (zemský soud se do té doby scházel střídavě v Brně a Olomouci a podle toho existují i dvojí zápisy v zemských deskách). Olomouc je sice nadále zvučně označována hlavním městem Moravy, avšak skutečnost je mnohem prostší. Přesto zde zůstala důležitá celozemská správní instituce — biskupství, dále univerzita. Výhodná strategická poloha města vedla v roce 1655 císaře Ferdinanda III. k rozhodnutí prohlásit Olomouc pevnostním městem.

Obnova válkou zničené Olomouce postupovala pomalu. Nedostávalo se ani prostředků ani dostatek nových obyvatel, kteří by nahradili obrovské úbytky někdejšího měšťanstva. Navzdory všem obtížím začal pozvolna pulsovat život — Olomouc se křísila k novému rozmachu hospodářskému, kulturnímu i stavebnímu a uměleckému.

První větší barokní realizací v Olomouci po třicetileté válce se stala stavba kláštera a kostela kapucínů. Původní kapucínský klášter, nacházející se před Střední bránou, byl v roce 1620 stržen. Místo pro nové objekty si kapucíni vybrali v prostoru mezi Dolním a Blažejským náměstím, kde odkoupili 21 pustých domů. Klášterní kostel Zvěstování Panny Marie vystavěli v letech 1655—61. Prostá, jednolodní sálová stavba s pravoúhlým presbytářem je sklenuta valenou klenbou s lunetami. Dvě boční kaple mají klenby křížové s hřebínky. Hladké průčelí, vrcholící trojúhelníkovým štítem, zapadá do běžného schématu kapucínských kostelů tohoto období.

Mnohem rozsáhlejší a náročnější stavební činnost zahájili v 60. letech 17. století olomoučtí jezuité výstavbou monumentální budovy Starého konviktu v dnešní Univerzitní ulici. Tento dvoupatrový objekt s vysokým pilastrovým řádem je projekčně připisován olomouckému zednickému mistrovi a staviteli P. Schülerovi. V další stavební aktivitě pokračovali jezuité až od počátku 18. století, kdy v několika rychle za sebou následujících etapách vybudovali rozsáhlý komplex táhnoucí se od Michalského výpadu, ulicemi Univerzitní a Denisovou až k závěru jihovýchodní fronty náměstí Republiky. Jako první byla postavena školní budova olomoucké univerzity na nároží Univerzitní a Denisovy ulice. V letech 1701—08 ji podle projektu G. P. Tencally vystavěl L. Glöckel. Průčelní fasáda trojkřídlé dvoupatrové budovy je členěna vysokým řádem svazkových pilastrů.

K vrcholným stavitelským i výtvarným dílům jezuitského a univerzitního komplexu patří kostel P. Marie Sněžné. V poměrně krátké době pouhých 7 let (1712—19) jej za projekce slezského stavitele M. Kleina z Nisy vystavěl zmíněný stavitel Glöckel na místě někdejšího minoritského klášterního kostela. Pětiosé, bohatě členěné průčelí završují dvě věže, které dotvářejí charakteristické panorama Olomouce. Předsunuté schodiště s balustrádou a architektonické prvky průčelí, k nimž patří zejména balustráda nad hlavním vchodem nesená dvěma skupinami korintských sloupů, jsou dílem olomouckého kamenického mistra V. Rendera. Nepříliš kvalitní sochy světců v nikách pocházejí od sochaře D. Zürna, jednoho z příslušníků významné hornorakouské sochařské rodiny usazené v Olomouci.

Na vnitřní výzdobě kostela pracovali malíři J. J. Schmidt, J. Wickart, J. K. Handtke a K. Harringer, jehož dílem jsou rozměrné fresky na klenbě presbytáře

30. Terezská brána od jihu; po roce 1880, lavírovaná kresba C. Sitte (OA Olomouc)

a lodi. Prvně jmenovaní umělci malovali na počátku 20. let 18. století převážně oltářní obrazy bočních kaplí. Autorem bohaté štukové výzdoby je A. Ricca, který se spolu s J. Sturmerem podílel zřejmě i na řezbářské dekoraci varhanního prospektu. Nástroj postavil varhanář J. G. Halbrig v roce 1728.

Sakristie kostela vyniká štukovou výzdobou klenby a bohatě intarzovaným mobiliářem W. Trägera, doplněným pěti plátny malíře J. Sattlera.

Po zrušení jezuitského řádu (1773) sloužil kostel P. Marie Sněžné do roku 1778 univerzitě pro akademické bohoslužby. Roku 1779, v souvislosti s přeložením univerzity do Brna, byl předán vojenské správě jako posádkový kostel. Od té doby je ve vlastnictví státu. Do nedávna byl kostel v operativní správě Městského národního výboru v Olomouci. Tak byla zajištěna rozsáhlá restaurace celého interiéru. Pod dohledem památkových orgánů probíhají už dvě desetiletí odborné restaurátorské práce, zahájené nejprve v sakristii obnovou barokního mobiliáře. V polovině 70. let byl restaurován varhanní prospekt s balustrádou hudební kruchty a rekonstruovány varhany. Dosud jsou postupně restaurovány oltáře, obrazy, fresky na klenbě, postupuje čištění a výmalba stěn se štukovou výzdobou.

Současně s kostelem zahájili jezuité stavbu vlastní koleje, dokončena byla po dvojím přerušení stavebních prací v roce 1722. Stavitelem monumentálních třípatrových budov, rozložených kolem dvou vnitřních dvorů se stal L. Glöckel. Po jeho smrti stavbu dokončil jiný olomoucký stavitel W. Reich. Projekční zásah architekta K. J. Dienzenhofera v roce 1720 se týkal pouze úprav jižního traktu a snad i reprezentativního řešení fasády do náměstí.

Poslední stavbou, jíž se celý komplex uzavřel, byl tzv. Nový konvikt, vybudovaný v letech 1721—24 v prostoru mezi školní budovou a Starým konviktem. Nový konvikt projektoval i stavěl olomoucký stavitel J. J. Kniebandl, jemuž se podařilo citlivě spojit oba starší objekty s novostavbou v organický celek. Do přízemí a patra severní části konviktní budovy vkomponoval centrální prostoru známé kaple Božího Těla, která co do výzdoby je výhradně dílem olomouckých malířů, sochařů a štukatérů. Na fresce J. K. Handtkeho je zobrazena podle staré pověsti vítězná bitva Jaroslava ze Šternberka s Tatary u Olomouce v roce 1241.

Na místě božetělské kaple stávala starší pozdně gotická kaple stejného zasvěcení. Byla zde postavena po roce 1454, kdy byli z Olomouce vyhnáni Židé a zbořena jejich synagóga, stávající právě na tomto místě. Událost s olomouckými Židy měla přímou souvislost s vystoupením italského kazatele Jana Kapistrána. Potomci Abrahamovi se mohli do Olomouce vrátit až po roce 1848.

V čele malého trojúhelníkového prostranství (Univerzitní náměstí, dnes součást Univerzitní ulice) na úpatí Michalského vrchu stojí samostatná třípatrová trojkřídlá budova jezuitského semináře sv. Františka Xaverského. Seminář dali jezuité postavit už v roce 1675 na místě čtyř starších měšťanských domů. Podle Glöcklovy projekce objekt v letech 1717—20 pronikavě přestavěl W. Reich.

V roce 1782 je do bývalé seminární budovy umístěno lyceum, převedené z Brna zpět do Olomouce. Po zrušení univerzity byl objekt v roce 1860 přidělen teologické fakultě. Určitou dobu sloužila barokní budova pedagogické fakultě. V roce 1990 byla vrácena obnovené Cyrilometodějské teologické fakultě Univerzity Palackého.

Baroko, přes svůj výrazně protireformační a rekatolizační charakter, se stalo všeovládajícím životním stylem, který se neomezil ani zdaleka jen na církevní prostředí nebo na úzkou vrstvu aristokracie. Principy barokní architektury a umění zdomácněly stejně v prostředí měšťanském jako na venkově. Každý barokní objekt je citlivě zasazen do prostředí, s nímž vytváří harmonický celek. Kulturní krajina v okolí měst, zámeckých sídel, klášterů i vesnic je poznamenána četnými projevy barokní umělecké tvorby od drobných staveb, přes volně umístěné plastiky, až po boží muky a kříže u polních cest a vodních toků. Mnohé z tohoto bohatství svým přirozeným a přitom vytříbeným vztahem lidské tvorby k přírodě okouzluje ještě po staletích.

Ještě než Olomouc získala svoji barokní podobu, postihla město a jeho obyvatele další katastrofa. Obrovský požár v roce 1709 zničil více než polovinu města. Asi 350 domů na obou hlavních náměstích, v ulicích Pekařské, Ostružnické a Ztracené lehlo popelem. Důsledky ničivého živlu však vzhledem ke vzmáhající se obnově řemesel, obchodu a života města vůbec nebyly tak citelné ani dlouhodobé. Požár se spíše stal dalším podnětem k rozsáhlým přestavbám a novostavbám, zejména světských staveb ve městě. Šlechtické paláce a měšťanské domy dostávají pak barokní podobu, v jaké je známe až do dnešní doby. Jen menší část jich byla později upravena a přestavěna — např. klasicistně v prvních desetiletích minulého století nebo na počátku našeho století v secesním slohu. Některé byly nahrazeny v 19. a 20. století novostavbami.

Už v roce 1709, bezprostředně po požáru, se přikročilo k přestavbě domu čp. 409 (Horní nám. č. 26), který měl tehdy domovní znamení „U zeleného stromu". Při druhé etapě přestavby v roce 1725, kdy jej získal do vlastnictví hrabě Podstatský z Prusinovic, získal podobu paláce s monumentální fasádou, člene-

31. Horní rynk (Horní nám.), západní fronta zástavby: bývalý hotel Lauer, dům č. 24, Švédská ulička s prampouchy, Petrášův palác, dům „U zeleného stromu", bývalý zájezdní hostinec Goliath; 1912 na jeho místě postaven secesní objekt pro banku Union, dnes pošta; přelom 19. a 20. stol., fotografie (VM Olomouc)

nou vysokým pilastrovým řádem, bohatou štukaturou s řadou kamenických detailů. V téže době je přestavěn i sousední objekt čp. 410 (Horní nám. č. 25). Noví majitelé — rodina Petrášů, tu zřídila skutečné šlechtické sídlo. Z prostorného mazhausu v přízemí vede do pater monumentální pilířové schodiště s plastickou a štukovou výzdobou. Neobyčejně bohatě je zdobeno průčelí paláce s honosným kamenným portálem. V roce 1746 založil zde svobodný pán Josef Petráš první učenou společnost v rakouské monarchii nazývanou Societas incognitorum.

Koncem 20. let 18. století je na Horním rynku nákladně přestavěn další rozsáhlý palác majitele tovačovského panství hraběte Julia Salma, zemského hejtmana a předsedy zemského sněmu. Vybudován byl již ve 2. polovině 17. století na místě tří středověkých domů, ale monumentální barokní podobu získal tento největší palác světského majitele v Olomouci až za přestavby v 18. století. Nadstavba třetího poschodí pochází z roku 1792, kdy je klasicistně upravena také fasáda.

Také na Předhradí podnikli dignitáři biskupské kapituly náročné barokní přestavby svých rezidencí. Přestavěn byl biskupský palác i všechny ostatní domy měšťanů. V letech 1725—30 vystavěl J. J. Kniebandl na nároží dnešní ulice Akademické a ulice Křížkovského barokní jednopatrovou budovu Stavovské akademie. Školu pro vzdělání šlechty a vrchnostenského úřednictva založili v roce 1724 František Šubíř z Cholyně a Leopold Sak z Bohuňovic. Podobně jako olomoucká univerzita byla i akademie 1778 přeložena do Brna. Roku 1782 při návratu do Olomouce jí připadl jiný objekt v Sokolské ulici.

Neodmyslitelnou součástí olomouckého barokního sochařství je unikátní soubor šesti kašen. Jejich praktický smysl spočíval v rozvodu vody ve vnitřním městě k veřejnému použití. Hlubší ideový a umělecký záměr byl položen spíše do tematického výběru z námětového bohatství antické mytologie. Hodnota celého souboru s citlivou vazbou na prostředí vyrovnává i rozdílné kvality jednotlivých sochařských děl. Kašny, a podobně i dva monumentální sloupy s rozsáhlým sousoším, jako by symbolizovaly úspěšně pokračující obnovu města, triumf života nad smrtí, pokoje nad válkou i věčnosti nad pomíjivostí času. Jsou konečným završením vzkříšení města z ruin třicetileté války.

Nejstarší kašny olomouckého souboru, Neptunova (1683) na Dolním rynku a Herkulova (1678—79) na Horním rynku, jsou dílem sochaře M. Mandíka. Z jeho ruky pocházejí však pouze kamenné sochy, zatímco ostatní součásti kašen zhotovil V. Schüler. Jestliže socha antického vládce moří Neptuna (ztotožněného s řeckým Poseidonem) má jen průměrnou kvalitu, pak socha Herkulova (latinské jméno největšího hrdiny řeckých bájí Herakla) patří k nejlepším dílům

32. Dolní rynk (Dolní nám.) se sloupem P. Marie od jihu; kolem 1900, fotografie (VM Olomouc)

Mandíkovým. Zobrazuje hrdinu se lví kápí a kyjem v ruce, jak vítězí nad Lernskou hydrou, pod paží druhé ruky s oživeným znakem města Olomouce (šachovnicová orlice). Neptunova kašna byla postavena r. 1417 na místě zaniklé kaple patronky kramářů sv. Markéty. Kašna Herkulova stávala do roku 1716 na místě sloupu Nejsvětější Trojice, odkud byla přemístěna před severní průčelí radnice.

Protějškem Neptunovy kašny na Dolním rynku je kašna blýskajícího a hřmícího Jupitera (obdoba řeckého nejvyššího boha Dia). Je dílem F. Sattlera z roku 1735.

Uprostřed dnes neexistujícího Rybího trhu se nacházela od r. 1709 další kašna, kašna Tritónů (Tritón syn boha moře a jeho manželky Amfitríty). Sousoší od neznámého umělce, parafrázující římskou Berniniho Tritónovu kašnu, bylo i s vanou zhotoveno v dílně V. Rendra. Na dnešním náměstí Republiky je kašna od r. 1890.

Proti východnímu průčelí radnice byla v roce 1725 postavena kašna s jezdeckou sochou bájného zakladatele Olomouce, římského vojevůdce a státníka G. J. Caesara. Jde o výjimečné dílo mladého sochaře J. J. Schaubergra, který práci odvedl jako svůj mistrovský kus. Soudí se, že vzorem pro olomouckého Caesara se staly Berniniho návrhy na jezdeckou sochu Ludvíka XIV., nebo Berniniho socha Konstantina Vítěze z vatikánské Scala Regia.

Šestá a poslední kašna — Merkurova (Římané na něj přenesli vlastnosti boha Herma — boha obchodu a zisku) od F. Sattlera z roku 1727 je považována za nejlepší z celého souboru. Její vynikající sochařské zvládnutí pohybu postavy Merkura umocňuje citlivé zasazení na rušnou křižovatku ulic — dnes u obchodního domu Prior na ose pěší zóny ulice 28. října.

Většina olomouckých kašen vznikla v dílně, nebo za přímé účasti významného kamenického mistra V. Rendra, od něhož jsou složitě profilované a půdorysně vždy odlišně řešené vany všech kašen. Oživení kamenných soch stříkající a stékající vodou nejen stupňovalo estetický účinek kašen, ale naplňovalo i požadavek barokního stylu vnímat umělecké dílo vždy v kontextu s přírodou.

Zřízení kašen vyžadovalo obnovit starou městskou vodárnu. Nová byla postavena v letech 1687—93 na rohu ulice Vodární a Dolních Bělidel (dnešní ulice Sokolská) a stála zde až do zbourání v roce 1905.

Prostranství hlavních dvou městských tržišť oživovala v této době ještě další sochařská díla, která jsou spojena s V. Rendrem. Podle jeho návrhu a v jeho dílně bylo vytvořeno v letech 1716—23 sousoší morového sloupu P. Marie na Dolním rynku mezi kašnami Neptuna a Jupitera. Sloup postavilo město jako díkůvzdání za skončení morové epidemie v roce 1715. Sochařskou výzdobu svěřil Render sochařům J. Sturmerovi a T. Schützovi.

Velkolepé sousoší se sloupem Nejsvětější Trojice na Horním rynku začal budovat V. Render

33. Sousoší se sloupem Nejsvětější Trojice od jihu; před 1885, fotografie (VM Olomouc)

34. Dům čp. 316 na nároží ulice Ztracené, Ostružnické a Horní Pekařské (Denisovy) na bývalém Rybím trhu — příklad proměn jednoho objektu v průběhu posledních 100 let; dům byl zbořen 1892; fotografie (VM Olomouc)

35. Novostavba domu dr. Kubického z r. 1893; reprodukce z tisku

36. Současný stav téhož objektu

37. Horní rynk (Horní nám.) s Křížovou studnou a sloupem Nejsvětější Trojice; v západní frontě zástavby — objekt divadla s klasicistní fasádou, hotel Lauer ad.; 3. třetina 19. stol., fotografie (VM Olomouc)

na vlastní náklady a podle vlastní projekce v roce 1716. Po Rendrově smrti (1733) se dokončení díla ujali sochaři pracující v jeho dílně, mistr F. Thoneck, J. V. Rokycký a posléze J. I. Rokycký a A. Schulz, který dílo v roce 1754 dokončil. Na sochařské výzdobě se podíleli především F. Sattler, J. M. Scherhauf a O. Zahner, jemuž lze připsat podstatný podíl figurální práce na sousoší. Sochy světců po šesti v každém ze tří poschodí a dvanáct světlonošů na balustrádě v přízemní partii náleží k vrcholům nejen Zahnerovy tvorby, ale vůbec barokního sochařství na Moravě v 1. polovině 18. století. Symbolikou sloupu jsou různé stupně nebes, vrcholící až velebností Nejsvětější Trojice. Její sousoší i s níže upevněnou skupinou Nanebevzetí P. Marie odlil v mědi a pozlatil olomoucký zlatník Š. Forstner. Monumentální, 35 m vysoký sloup s vnitřní okrouhlou kaplí a bohatou kamenickou a sochařskou výzdobou je unikátním dílem, které svými uměleckými kvalitami i významem přesahuje rámce města i regionu.

V roce 1754 sloup slavnostně posvětil olomoucký biskup Troyer za účasti královny Marie Terezie a jejího manžela, císaře Františka Lotrinského.

S osobností biskupa Troyera je spojen i vznik zajímavého obrazu na plátně o délce 6 m, dnes v arcibiskupské obrazárně státního zámku v Kroměříži. Obraz, jehož námětem je slavnostní vjezd biskupa — kardinála Troyera do Olomouce, namaloval někdy ve 2. polovině 18. století neznámý středoevropský mistr.

Olomouckého biskupa Ferdinanda Julia hraběte Troyera jmenoval na intervenci císaře Františka papež Benedikt XIV. v roce 1747 kardinálem. Scéna zobrazená na tomto plátně se vztahuje právě k příjezdu nově jmenovaného kardinála do svého diecézního sídla.

Barokní doba nebyla chudá na podobné slavnosti a oslavy církevní i světské všeho druhu; i tato podívaná přilákala množství lidu — od vysokých hodnostářů, tvořících většinou čestný průvod nového kardinála, až po olomoucké měšťany, kteří si nechtěli nechat takovou slávu ujít.

Velkolepá scéna Troyerova vjezdu do Olomouce se odehrává převážně na Horním rynku před radnicí, ale rozsáhlý doprovod vidíme i v ulici Ostružnické a Horní Pekařské (dnešní Denisova), kde u kostela P. Marie Sněžné průvod začíná. Jeho konec nevidíme, končí možná na Dolním rynku nebo v bráně západního opevnění města.

Mimo řadu žánrových scének, např. s medvědářem, obchodníky, povykujícími kluky, žebráky ap., má obraz autentickou hodnotu pro dobovou atmosféru, způsob odívání, ale především má mimořádnou cenu pro ikonografii města. Zachycuje podobu mnoha jeho domů, jejichž barokní vzhled známe už jen z dobových vyobrazení. Obraz nelze brát samozřejmě ve všech detailech doslova s fotografickou přesností. Malíři musíme přiznat právo na uměleckou licenci a připustit drobné nepřesnosti (např. sloup Nejsvětější Trojice je obrácen o 180° a v době Troyerova vjezdu nebyl zdaleka dokončen), zjednodušení nebo schematičnost. A přesto tu nacházíme mnohé z toho, co bychom dnes v Olomouci nenašli. Nová brána u staré univerzitní budovy byla zbořena na konci 18. stol., kašna Tritonů v roce 1890 přemístěna z Rybího trhu (soucestí ulic Horní Pekařské, Ztracené a Ostružnické) na dnešní náměstí Republiky a na jejím místě vystavěn v roce 1893 dům dr. Kubického od stavitele F. Böhma. Přestavby v 19. století změnily mnohé z fasád domů v ulici Ostružnické i v jižní a západní frontě Horního rynku. Zmizely tak přitom bohaté barokní štíty, a zejména nejčastější ukončení uličních fasád atikou. Z obrazu města např. zmizel měšťanský dům nazývaný „modrý dům" v západní frontě Horního rynku. Od roku 1602 patřil dům měšťanu Abrahamu Mačálovi; zde skládali olomoučtí měšťané 15. února 1620 přísahu věrnosti „zimnímu králi" Fridrichu Falckému. Po bitvě na Bílé hoře byl dům horlivému protestantovi Mačálovi zkonfiskován. V letech 1628—41 měl zde sídlo nejvyšší moravský zemský úřad, královský tribunál. V roce 1673 v domě zřídilo město naturální byt pro pevnostní velitele, kteří ho užívali až do roku 1816. Dům se proto nazýval velitelským nebo komandantským a stejně tak i sousední ulička (dnes Divadelní). Tento dvoupatrový dům s podloubím v přízemí a otevřenou lodžií s pravoúhlými arkádami, jejíž pilíře figurálně zdobil V. Render, byl v roce 1828 zbořen. V letech 1829—30 vystavělo město budovu měšťanského divadla (čp. 423, Horní nám. č. 22) podle projektu J. Kornhäusela. Jeho empírovou fasádu vidíme ještě na pohlednicích a fotografiích z přelomu 19. a 20. století. Dnešní úprava fasády Státního divadla Oldřicha Stibora pochází z počátku 40. let našeho století.

Rovněž sousední dva barokní domy, které vidíme na obrazu Troyerova vjezdu, nahradila v letech 1871—72 budova hotelu Lauer v novorenesančním slohu (čp. 424, Horní nám. č. 23). Novostavba byla už v době svého vzniku považována za mimořádně hodnotnou moderní realizaci. Reprezentovala proto spolu s lázeňským pavilónem olomouckou světskou architekturu na uměleckoprůmyslové výstavě v roce 1888. Bohaté použití štukových prefabrikovaných prvků na fasádě bývalého hotelu zřetelně odráží inspirace u italských renesančních paláců.

Původní podobu mnoha dalších barokních budov můžeme sledovat na hojně dochovaných grafických listech 18. a 1. poloviny 19. století. K nejvýznamnějším vedutistům Olomouce náleží F. B. Werner (1688—1778), vojenský inženýr a topograf, narozený ve vsi Topola v Kladsku. Kolem roku 1710 začal pilně kreslit na svých cestách napříč Evropou. Za léta nashromáždil neuvěřitelné množství kreseb měst i jejich zajímavých částí. Sám o své tvorbě řekl: „Myslím, že přede mnou nikdo nebyl, kdo trpělivě vykonal podobnou práci a také po mně se nikdo nevyskytne...". To konečně potvrdila i skutečnost. Jeho obdivuhodné dílo není co do rozsahu srovnatelné s žádným jeho předchůdcem ani následovníkem. Delší dobu pobýval v Praze, Brně a rovněž v Olomouci. Zde vytvořil album osmi vedut města a jeho detailů — Svatý Kopeček, klášter Hradisko, radnici, jezuitské budovy s kostelem P. Marie Sněžné na Předhradí a další. Mědirytiny podle jeho kreseb ryli a vydávali augsburští rytci a nakladatelé uměleckých tisků,

38. Celkový pohled na Olomouc od jihozápadu z Tabulového vrchu; při cestě sloupy přenesené ke kostelu sv. Michala; kolem 1840, litografie (Galerie Olomouc)

zejména po roce 1724 M. Engelbrecht. Olomouc zachytil znovu ještě před polovinou 18. století.

Werner kreslil svoje veduty výhradně podle skutečnosti. Při portrétování velkých měst kreslil většinou několik celkových pohledů, zřejmě aby zachytil i ty části města, které zůstávaly z jiného stanoviště zakryté. Jeho veduty se proto vyznačují vysokou věrností a autentičností. Jsou nejen uměleckým dílem, nýbrž i důležitým historickým pramenem.

Na celkových vedutách Olomouce je nezřídka zachyceno také bezprostřední okolí města. Nacházíme zde objekty, dnes už dávno neexistující nebo terénní úpravy a situace, které jsou později zcela zastavěny. Tak kupříkladu u některých celkových pohledů od západu, nejčastěji z Tabulového vrchu, můžeme najít drobnou stavbu kostela sv. Kříže. Svatyně se poprvé připomíná roku 1514 jako volně stojící v poli. V roce 1600 je uváděna ulice sv. Kříže v předměstí Gošiklu (dnešní ulice Štítného). Přímo pod kostelíkem vyvěral vodní pramen, zvaný podle jeho zasvěcení „křížovým pramenem". Za švédské okupace byl zbořen, ale už v roce 1676 zase obnoven. Olomoucký primátor Dimpter pořídil v roce 1744 podél cesty vedoucí od města kolem špitálu P. Marie v Poli ke kostelíku sv. Kříže čtyři kamenné sloupy se sochami trpícího Krista. V roce 1904 byly přeneseny do města ke kostelu sv. Michala.

Na Wernerových i mladších vedutách od východu vidíme situaci mezi městem a klášterem Hradisko. Alej od Hradské brány ke klášteru doplňují tři až čtyři kamenné sochy. Blíže k mostu se nacházela socha sv. Norberta z roku 1708. Od roku 1797 je socha v Tážalech. Poblíž kláštera stojí sochy P. Marie (1709) a sv. Josefa (1711), rovněž později přenesené do okolních vsí. Z širšího souboru barokních soch kolem kláštera zůstalo na původním místě jen sousoší sv. Jana Nepomuckého z roku 1737 od J. A. Winterhaldra.

Pohledy na město se Svatým Kopečkem v pozadí dokumentují další alej, vedoucí od Chvalkovic vzhůru k poutnímu kostelu, se souborem 6 sloupů, které pořídili hradištní premonstráti v roce 1679. Sloupy i zbytky aleje se dochovaly do naší současnosti.

Východně od města na vrchu (382 m n. m.), náležejícímu k jihozápadním výběžkům Nízkého Jeseníku, nechal v letech 1629—32 vybudovat olomoucký měšťan J. Andrýsek kapli P. Marie. Po švédském zničení ji v letech 1650—60 hradištní premonstráti obnovili. Brzy však kaple nestačila množství poutníků, kteří sem putovali z Olomouce i okolí, a proto klášter zahájil v roce 1669 stavbu velkého poutního chrámu Navštívení P. Marie na Svatém Kopečku. Budování kostela, zřejmě podle projektu významného barokního architekta G. P. Tencally, trvalo plných deset let. Ve druhé etapě, spadající do let 1714—21, vystavěli premonstráti podle projekce D. Martinelliho po obou stranách západního průčelí kostela rezidenci a celý komplex z východní strany uzavřeli půlkruhovitým ambitem s kaplí sv. Anny v čele. Na vzniklém nádvoří bylo umístěno v roce 1753 sousoší sv. Norberta od sochaře J. Winterhaldra. Monumentalitu exteriéru umocňuje dvouvěžové průčelí s vysokým pilastrovým řádem, který je použit také na obou křídlech rezidence. Průčelí dvoupodlažních budov zakončuje poměrně vysoká atika se 14 sochami (12 apoštolů, sv. Šebestián a sv. Roch), rovněž dílo sochaře J. Winterhaldra, který se dále účastnil figurální výzdoby honosného hlavního portálu kostela.

Na bohaté, přitom však citlivě vyvážené výzdobě interiéru poutního kostela, dokončené v roce 1739, se podílela řada umělců, z nichž připomeňme alespoň malíře fresek v presbytáři a kupoli J. Stegra, dále J. K. Handkeho a P. Trogera, štukatéry B. Fossatiho, B. Fontanu a J. Hagenmüllera a ze sochařů již vzpomínaného J. Winterhaldra, J. A. Hainze a M. Zürna. Varhany postavili v letech 1722—25 varhanáři D. Sieber († 1723) a A. Richter. Ornamentální a figurální

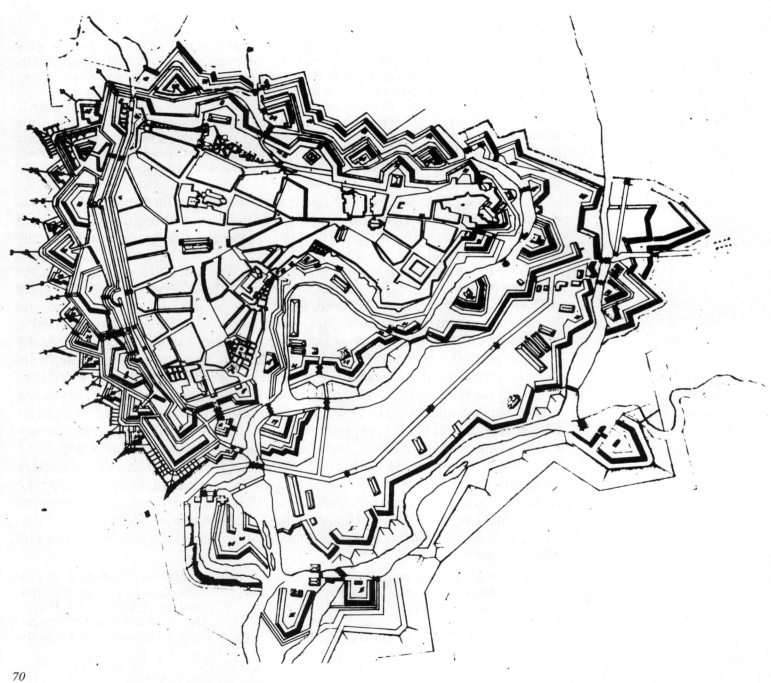

39. Plán olomoucké pevnosti s vyznačením vnitřní zástavby města (ulice a náměstí s bloky domů), v západní obranné linii vyznačeny minové chodby; přelom 18. a 19. stol. (kopie SÚPPOP Praha)

40. Olomoucká pevnost, opevnění u Litovelského výpadu; po 1890, lavírovaná kresba L. E. Petrovitse (OA Olomouc)

výzdoba pozitivu, provedená sochařem J. Sturmerem z Olomouce, tvoří na kruchtě dokonale organickou jednotu s celkovým výtvarným i architektonickým řešením interiéru. Stěží najdeme v našich barokních chrámech obdobu.

Málo šťastným však bylo rozhodnutí Ferdinanda III. roku 1655 prohlásit Olomouc pevnostním městem. Souviselo to s obecným vývojem vojenské techniky a strategie i s konkrétními podmínkami rakouské říše a se zabezpečením její severní hranice. Zkušenosti 30leté války vyžadovaly změny ve vedení i způsobu války. Místo přímých střetnutí v poli dává se přednost válce pevnostní. V barokní době se proto uplatnil bastionový systém opevnění, zaváděný Italy už v 16. století a v Olomouci poprvé použitý Švédy.

Opevňovací práce na olomoucké pevnosti zahájil už první pevnostní velitel Locatella de Locatelli, který se řídil směrnicemi maršála Raduit de Souches. Tento nejstarší projekt pozůstával z pětiúhelníkových bastionů, které byly situo-

41. Olomoucká pevnost, opevnění západní linie; po 1890, lavírovaná perokresba L. E. Petrovitse (OA Olomouc)

vány na vhodných místech po obvodu města. Další návrh na dobudování pevnosti z roku 1699, schválený válečnou radou 1702, obsahoval dokonalý projekt Vaubonova systému. V roce 1717 jej ještě zdokonalil Louis de Rochetz, který vyprojektoval úplnou soustavu bastionů kolem celého města. Sebedokonalejší projekt však nebyl nic platný, když vlastní realizaci stavby určoval nedostatek finančních prostředků a trestuhodná liknavost.

Obrat ve výstavbě pevnosti nastal teprve po Vratislavském míru (11. 6. 1742). Úspěšnější pruský král Fridrich II. ve válce o habsburské dědictví obsadil v roce 1741 Slezsko a rychlým pochodem na Moravu mu padla do rukou koncem prosince i nepřipravená Olomouc. Následky jsou pro Marii Terezii kruté. Musí se vzdát Dolního i Horního Slezska, s výjimkou části knížectví opavského a krnovského. Severní hranice rakouské říše se tím posunula jižním směrem natolik, že

42. Hradská brána s předbraním, pohled z místa dnešního hotelu Palác; fotografie (VM Olomouc)

Olomouc se rázem stala pohraničním městem, s významem brány hlavního města Vídně.

    Druhé etapě výstavby pevnosti byla věnována zcela jiná péče. S novou výstavbou se začalo od 1742, a to pod přímým vedením projektanta, vojenského inženýra generálmajora Bechade de Roschepine. Poloha Olomouce a dostatek vhodných vodních toků umožnily zde vybudovat skutečnou vodní pevnost. Dokonalým systémem stavidel bylo možno vodou z řeky Moravy naplnit podle potřeby nejen hradební příkopy, ale i celé velké plochy v severním a západním pevnostním předpolí. Bez podstatných změn nezůstalo ani okolí města. Předměstí, vesnice a usedlosti v těsné blízkosti musely být odstraněny nebo přestěhovány dál od pevnosti. Redukoval se také počet bran. Nejdůležitější komunikace pronikaly do města třemi hlavními branami, od východu Hradskou branou, která stávala poblíž dnešního hotelu Palác, od západu Zelenou, nazvanou později Terezskou (postavena 1754), a od jihu Kateřinskou branou (v místech dnešní tržnice). Stará Blažejská brána je zrušena a z brány Litovelské je zřízena jen výpadní branka. V roce 1756 vzniká pro pěší tzv. Michalský výpad, ústící dnes do Bezručových sadů a na severní straně zůstává v provozu pro pěší i povozy vedlejší brána Rohelská. Pevnostní práce jsou v podstatě dokončeny roku 1757, právě na začátku třetí slezské války, tzv. sedmileté. Výsledkem je vybudování úplné bastionové pevnosti, která jen jedinkrát za své existence mohla splnit své poslání. Příležitost se naskytla hned v roce 1758, kdy dokázala zastavit postup pruských vojsk Fridricha II.

Budování barokní bastionové pevnosti se neobešlo bez výstavby nových účelových vojenských objektů i ve vlastním městě. V letech 1771—78 vyrůstá na olomouckém Předhradí Teriziánská zbrojnice, nejvýznamnější a nejcharakterističtější stavba barokně klasicistního slohu v Olomouci. Rozsáhlá čtyřkřídlá budova s prostorným vnitřním dvorem nahradila 11 starých domů, které byly pro tento účel zbořeny. Hlavní průčelí má tři nevýrazné rizality. Prostřední je ukončen trojúhelníkovitým tympanonem vyplněným štukovou výzdobou vojenské zbroje a na vrcholu se sochou muže s přilbou.

Mnoho dalších vojenských objektů bylo vybudováno na přelomu 18. a 19. století na místě zrušených klášterů a kostelů. Tímto způsobem došlo v Olomouci k nejdrastičtějším zásahům do středověkého a barokního urbanismu města, zejména v jeho východní části, na olomouckém Předhradí.

Jestliže v době pruského obležení Olomouce odpovídala bastionová pevnost nejvyššímu stupni technické úrovně — v kontextu s obecným vývojem fortifikačních systémů v Evropě, pak na přelomu 18. a 19. století začala rychle zastarávat. V důsledku nové strategie a technického pokroku v dělostřelectví bylo potřeba přehodnotit pevnostní systémy a postupně přenést jádro obrany z hlavní pevnosti na systém předsunutých tvrzí, tzv. fortů. V roce 1839 se započalo se stavbou fortů na Tabulovém vrchu a na Šibeníku v okruhu 1 km od pevnosti. Další okruh měl dodržovat vzdálenost 2,5—3 km, ale vzhledem k terénním zvláštnostem musely být některé forty posunuty ještě dál, např. ke Křelovu nebo do oblasti Kopečka. Zpočátku měřil obvod táborové pevnosti 31 km, později dosahoval 43 km.

Permanentní pevnůstky — forty byly stavěny z režného (neomítaného) cihlo-

43. Michalský výpad, ústící dnes do Bezručových sadů; po 1890, lavírovaná perokresba L. E. Petrovitse (OA Olomouc)

44. Františkova brána v místech dnešní ul. Koželužské; fotografie (VM Olomouc)

vého zdiva, vnitřní prostory byly zaklenuty valenými klenbami, které kryla pouze nasypaná zemina zpevněná drny. Brány se budovaly z kamene. Výstavba fortů v obvodu hlavní pevnosti pokračovala i v dalších desetiletích, bezmála až do konce 19. století.

Rychlé zdokonalování válečné techniky a nové taktické zkušenosti zpochybnily již v 60. letech 19. století význam a využitelnost pevností. Prakticky se to projevilo za války prusko-rakouské v roce 1866, kdy pruským vojskům po bitvě u Hradce Králové v pochodu na Vídeň nestála v cestě ani olomoucká táborová pevnost, která prokázala pouze svoji bezmocnost a zbytečnost. Taková zkušenost jen podnítila v Olomouci touhu po zrušení pevnosti. Zatímco v jiných městech docházelo po roce 1848 k rychlejšímu rozvoji průmyslu, školství, kultury

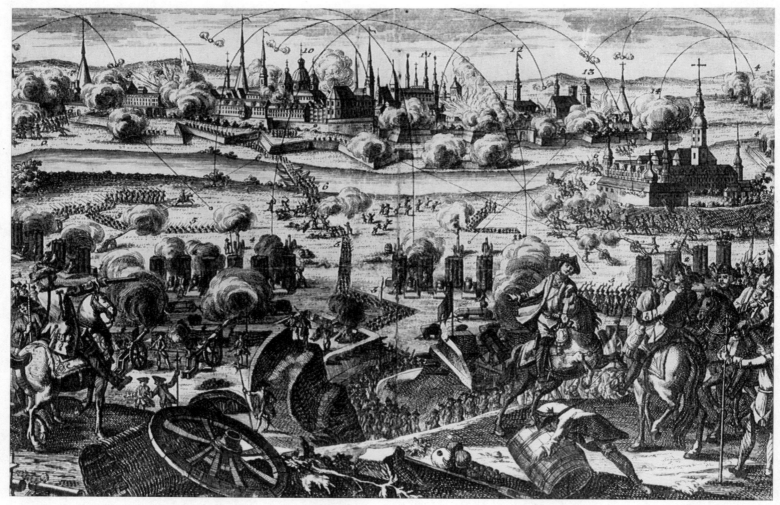

a vůbec společenského života, Olomouc stagnovala. Jediným východiskem se proto stalo zlikvidovat těsný krunýř pevnostních staveb a otevřít město volnému rozvoji. Po mnohých žádostech ze 60. a 70. let prohlásila v roce 1886 vídeňská vláda pevnosti na našem území za otevřená města a pevnosti konečně zrušila. O rok později došlo i ke zrušení stavebního omezení (tzv. demoliční revers) v olomouckém pevnostním pásmu vydaném roku 1859 a 1864.

45. Celkový pohled na obleženou Olomouc pruským vojskem; 1758, rytina J. M. Willa (OA Olomouc)

46. Celkový pohled na Olomouc v pruském obležení; 1758, rytina (OA Olomouc)

Postupná likvidace olomoucké pevnosti začala již o desetiletí dřív. V roce 1876 město dosáhlo u vojenské správy zrušení vnitřního opevnění a prvním objektem určeným ke zbourání se stala Hradská brána s přilehlými stavbami. Volba právě této brány nebyla náhodná, neboť byla z komunikačního hlediska nejdůležitější. Její zboření umožnilo vybudovat tzv. nádražní třídu (Masarykova tř.) směrem od města přes moravní toky a Bystřičku k hlavnímu olomouckému nádraží.

47. Vodní kasematy při ústí ulice Dolní (Lafayettova), po zboření prostor tř. Svobody, 3. třetina 19. stol., fotografie (VM Olomouc)

První nádražní budova vznikla již kolem roku 1840 v souvislosti s dobudováním železniční dráhy z Vídně do Olomouce. První vlak zde slavnostně přivítali 17. října 1841. Železnice se pevnosti musela sice vyhnout a byla vedena po jejím východním okraji, ale jejímu významu pro město i okolí to nemohlo nikterak ublížit. Spojení mezi městem a nádražím zajišťovaly několik desetiletí jen drožky a fiakry. Teprve dobudování přímé nádražní třídy v roce 1888 umožnilo zřídit v Olomouci elektrickou pouliční dráhu (1899). Nová nádražní budova byla vystavena již kolem roku 1880 a svoji současnou podobu získala přestavbou v letech 1936—38 podle projektu A. Parkmanna.

Po zboření Hradské brány přišly na řadu další. V roce 1878 odstranilo město bránu Kateřinskou, při ústí Kateřinské ulice do prostoru později zřízené tržnice. Zbourání Litovelské výpadní brány (1881) umožnilo otevřít město západním směrem a vystavět novou komunikaci (ul. Palackého) k pražské silnici. Jako poslední byla odstraněna v roce 1885 brána Františkova, dříve nazývaná Rohelská.

48. Vodní ulička, objekty vlevo zbořeny, dnes prostor tř. Svobody; 3. třetina 19. stol., fotografie (VM Olomouc)

Rozvoji dopravy však mnohem více překážel komplex brány Terezské (dříve Střední), jehož likvidace proběhla během roku 1883.
Střední brána vznikla v souvislosti s výstavbou barokní bastionové pevnosti v roce 1752. Při příležitosti návštěvy královny Marie Terezie v Olomouci (1754)

dostala název Terezská. Brána je pro svoji výjimečnou stavební i výtvarnou úroveň označována korunou celého díla opevnění tereziánské doby. Na této stavbě se poprvé v Olomouci setkáváme s klasicistními tendencemi ve výtvarném umění. Zásluhou architekta a vynikajícího urbanisty C. Sitteho zůstala vlastní brána

49. Budova hlavního olomouckého nádraží; po 1900, fotografie (VM Olomouc)

50. Palachovo nám.; 40. léta 20. stol., fotografie (VM Olomouc)

zachována na původním místě a její předhradí tvoří od roku 1895 jeden ze vstupů do Smetanových sadů. Terezská brána je dnes jedním z mála dochovaných reliktů pevnostní architektury v Olomouci.

Vnější bastionové opevnění však ještě řadu let bránilo plnému stavebnímu rozmachu. Teprve v roce 1894 koupilo město za sumu dvou miliónů zlatých podstatnou část pevnostních pozemků, což umožnilo rychlé odstraňování pevnostních hradeb. Během několika let se nejbližší okolí města změnilo k nepoznání a každým rokem přibývalo novostaveb veřejných budov, činžovních domů, nákladných rodinných vil i průmyslových závodů. Tento čilý stavební ruch, nemající v Olomouci co do rozsahu a kvality obdobu, nebyl ani zdaleka živelný bez promyšlených záměrů. Bylo velkým štěstím pro historickou Olomouc, že se nerealizoval první asanační plán, hodlající přehodnotit radikálním způsobem celé vnitřní město. Přístup C. Sitteho znamenal záchranu historické zástavby, včetně původního urbanismu. O to více věnoval pozornost nové výstavbě soustředěné do prostoru západně a východně od starého města. Již v roce 1894 navrhoval vybudovat širokou okružní třídu (tř. Svobody) na místě zrušených kasemat a mlýnského toku. Tyto velkorysé plány C. Sitteho se uskutečnily v plné míře až po druhé světové válce.

Boření pevnostních staveb v západní části Olomouce zachytil na rozměrném plátně vídeňský malíř L. E. Petrovits, který v 90. letech nakreslil nebo vymaloval řadu objektů, jejichž osud byl už tehdy zpečetěn. V jeho realisticky pojatých akvarelech a kresbách se neztrácí cit pro vyjádření dobové atmosféry, stejně na živých tržištích, jak v tichých a liduprázdných ulicích nebo v bludišti pevnostních staveb. V této době však už nejsme odkázáni pouze na grafická či malířská zobrazení. Ve 2. polovině 19. století stále více přibývá autentického dokumentačního materiálu, který umožnil vynález fotografie. Ve fondech olomouckého Okresního archívu a Vlastivědného muzea jsou desítky a stovky fotografických snímků, jejichž dokumentární hodnota pro měnící se pevnost v moderní město je zcela mimořádná a nenahraditelná. Z posledních desetiletí minulého a počátku našeho století máme ještě k dispozici nejstarší pohlednice, jimž rovněž vděčíme za poskytnutí obrazového svědectví o době, lidech i stavbách, které dávno zmizely z obrazu města.

Dynamiku přestavby Olomouce na přelomu století můžeme jako příklad dokumentovat dnešní třídou Svobody, probíhající v délce necelého kilometru od někdejší Litovelské brány (nám. Národních hrdinů) až k tržnici. V roce 1895 zde L. E. Petrovits viděl ještě souvislou linii kasemat a bastiony, jen místy prolomené novými komunikacemi. O několik let později už zde stojí jen osamocená Terezská brána, ponechaná na hranici nově se vytvářející okružní třídy (tř. Svobody) a nevelkého náměstí, na němž je v roce 1897 dokončena monumentální synagóga v románsko-orientálním stylu. Tuto ojedinělou kultovní stavbu vypálili v roce 1939 olomoučtí fašisté a krátce na to byla srovnána se zemí. Po druhé světové válce je na jejím místě v letech 1949—55 vztyčen pomník Lenina a Stalina, dílo olomouckých sochařů R. Doležala a V. Hořínka odstraněný po listopadovém převratu 1989.

Pomineme-li činžovní domy kolem dnešního Palachova náměstí, upoutá pozornost především novorenesanční komplex budov justičního paláce (dnes Okresní soud, prokuratura a věznice), dostavěný v roce 1902 podle projektu vídeňského architekta A. von Wielemanse. V témže roce si opodál postavili němečtí evangelíci novogotický cihlový, tzv. červený kostel, projektovaný W. Löwem.

Záhy zmizela úzká Vodní ulice a s ní podstatná část pevnostních kasemat až po ústí ulice Terezské (Pavelčákovy). Jediný úsek kasemat, nazývaný dnes také vodními kasárnami, zůstal zachován mezi ulicemi Pavelčákovou a Dolní (Lafayettova). Jedná se o typickou pevnostní stavbu z režného cihlového zdiva s travnatým drnem nad klenbami. Počátkem 50. let našeho století se konečně přikročilo ke zrušení mlýnského toku, a tak vznikla široká, moderní třída.

V roce 1936 přibyla budova — dnes Komerční banka, s nesourodou přístavbou, dokončenou v roce 1982. Na protější straně vyrostly v posledních desetiletích další dva moderní objekty. Na místě několika zchátralých domů mezi ulicemi Švédskou a Divadelní byl v roce 1974 dokončen palác Spotřebního družstva Jednota, projektovaný J. Kučírkem. Severním směrem odtud na nároží ulice Barvířské a tř. Svobody stojí budova České státní spořitelny (1984), dílo architekta J. Chloupka.

Na Petrovitsově obraze je v popředí dobře patrný pás vzrostlé zeleně. Období romantismu nezanechalo v Olomouci mnoho stop v architektuře, zato se uplatnilo zvláštním způsobem zejména v novém vztahu k přírodě. V předpolí pevnosti se zakládají promenádní aleje, později přeměňované a rozšiřované v parky. V roce 1820 nechal první alej vysadit olomoucký arcibiskup, arcivévoda Rudolf Jan (1819—31), podle něhož se nazývala Rudolfova. Na ni navázalo ve 30. letech Jánské stromořadí, v dalším desetiletí podstatně rozšířené. Na východní straně města v romantickém prostředí pod městskými hradbami byla rovněž ve 30. letech zřízena procházková cesta v Michalském výpadu (Bezručovy sady). Na konci 19. století se z těchto alejí a procházkových cest budují městské parky, které vytvářejí rozsáhlý věnec zeleně kolem města. V současné době jsou parky rozšířeny o rozárium, alpinium, zahrady národů a spolu s výstavními pavilóny tvoří prostředí pravidelných květinových výstav Flóra Olomouc.

Výstavba někdejší moravské metropole se pochopitelně nezastavila na počátku našeho století, podobně jako se nezastavil ani život v ulicích historického jádra. Nové generace olomouckých obyvatel pokračují ve stále se rozšiřující výstavbě svého města, ale i v obnově jeho historického centra, které je vzácnou pokladnicí architektury, umění a současně nepostradatelnou součástí moderního velkoměsta. Je na nás a dalších generacích, aby tento vzácný urbanistický celek s řadou vynikajících památek zůstal zachován.

ZÁKLADNÍ A POUŽITÁ LITERATURA

Fischer, R.: Zrušení olomoucké pevnosti, Olomouc 1935
Nešpor, V.: Dějiny Olomouce. Vlastivěda moravská, Brno 1936
Zlámal, B.: Dějiny kostela sv. Mořice v Olomouci, Olomouc 1939
Nešpor, V.: Dějiny univerzity olomoucké, Olomouc 1947
Drábek, J.: Olomouc v revolučním roce 1848, Olomouc 1848
Smetana, R.: Průvodce památkami v Olomouci, Olomouc 1948; 2. vyd.: Ostrava 1966
Burian, V.: Ikonografie Olomouce do roku 1900, Sborník KVMO, IV. (1956—1958), Olomouc 1958
Richter, V.: Raněstředověká Olomouc, Praha—Brno 1959
Kšír, J.: Zrušení mlýnského toku na Leninově třídě v Olomouci, Zprávy KVM, č. 138, 1968
Gardavský, Z.: Historické jádro města Olomouce a jeho problematika, Olomouc 1969
Chadraba, R.: K programu olomouckých barokních kašen, Sborník památkové péče Sm kraje 1, 1971
Kšír, J.: Olomoucká barokní pevnost, Práce odboru společenských věd Vlastivědného ústavu v Olomouci č. 27, Olomouc 1971
Medek, V.: Osudy moravské církve do konce 14. věku, Praha 1971
Bartoš, J. a kol.: Malé dějiny Olomouce, Ostrava 1972
Burian, V.: Olomouc ve fotografii 19. století. Ikonografie Olomouce do roku 1900, II., Olomouc 1973
Kšír, J.: Olomoucké sady a parky, Olomouc 1973
Kouřil, M.: Nový pohled na Olomouc z roku 1675, Okresní archív v Olomouci 1977
Petrů, E.: Humanisté o Olomouci, Praha 1977
Zatloukal, P.: Olomoucká architektura druhé poloviny 19. století, disertační práce FF UP Olomouc 1978, (archív OSSPPOP Olomouc, inv. č. 986)
Smetana, R. — Bartoš, J. — Bistřický, J.: Olomouc. Průvodce — informace — fakta, Praha 1979
Burian, V.: Olomoucké pohlednice z 19. století. Ikonografie Olomouce do roku 1900, III., Olomouc (KVM, společenské vědy — práce č. 31) 1981
Černoušek, T. — Šlapeta, V. — Zatoukal, P.: Olomoucká architektura 1900—1950, Olomouc 1981
Pojsl, M.: Přemyslovský knížecí hrad v Olomouci, Archaeologia historica VI, 1981
Bistřický, J. — Pojsl, M.: Sborník k 850. výročí posvěcení katedrály sv. Václava v Olomouci, Olomouc 1982
Zatloukal, P.: Olomoucká architektura 1950—1983. Katalog výstavy KVM, Olomouc 1983
Hlobil, J. — Michna, P. — Togner, M.: Olomouc, Praha 1984
Hlobil, J.: Teorie městských památkových rezervací (1900—1975), uměnovědné studie VI., Praha 1985
Perůtka, M.: K programu souborů volných soch u kláštera Hradiska a kostela na Kopečku u Olomouce v době baroka, Historická Olomouc a její současné problémy V., Olomouc 1985
Gračka, V.: Domovní znamení, ochranné plastiky a obrazy v Olomouci, KVM Olomouc 1986

Kozák, J. — Mžyková, M.: F. B. Wernera ikonografická inventura Čech, Moravy a moravského Slezska, Umění 35, 1987
Zatloukal, P.: Práce Camilla Sitteho v Olomouci, Okresní archív v Olomouci 1987
Michna, P. — Pojsl, M.: Románský palác na olomouckém hradě, Brno 1989
Národní kulturní památka Přemyslovský palác v Olomouci (průvodce), KVM Olomouc 1989

POUŽITÉ ZKRATKY

Galerie	Galerie výtvarného umění
VM	Vlastivědné muzeum Olomouc (původně Krajské vlastivědné muzeum)
OA	Okresní archív
OSSPPOP	Okresní středisko státní památkové péče a ochrany přírody (od 1. 1. 1989 Krajský ústav památkové péče a ochrany přírody v Ostravě, středisko Olomouc, dnes Památkový ústav Olomouc)
ZA	Zemský archív Opava, pobočka Olomouc
SÚPPOP	Státní ústav památkové péče a ochrany přírody v Praze

1. „Olomouc metropole Moravy", celkový pohled na Olomouc od jihozápadu; 1767, akvarel (OA Olomouc)
2. Celkový pohled na Olomouc od jihozápadu; po r. 1720, lavírovaná kresba (OA Olomouc)
3. Celkový pohled na Olomouc od severovýchodu, v popředí vpravo klášter Hradisko se stromořadím od Hradské brány; po r. 1724, rytina (OA Olomouc)
4. Celkový pohled na Olomouc od jihovýchodu; 1742, lavírovaná kresba (OA Olomouc)
5. Celkový pohled na Olomouc od jihozápadu, v popředí sloupy od města ke Křížovému prameni; 1835, akvarel (OA Olomouc)

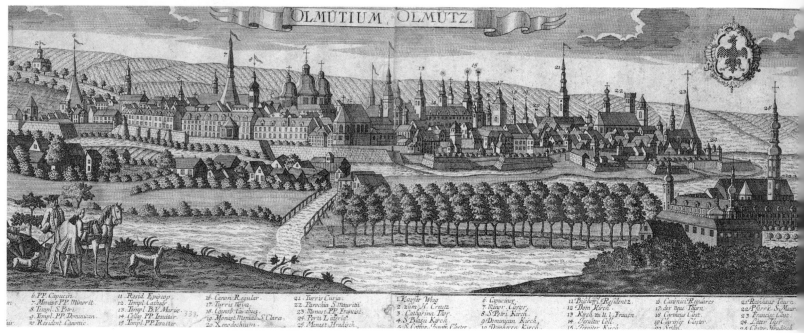

6. PP. Capucin.	11. Resid. Episcop.	16. Canon. Regular.	21. Turris Curia.	1. Kayser Weg	6. Capuciner	11. Bischoffl. Residentz	16. Canonici Regulares	21. Rathhaus Thurn
7. Monast. PP. Minorit.	12. Templ. Cathedr.	17. Turris Nova.	22. Parochia S. Mauritii	2. zum H. Creutz	7. Minor. Closter	12. Dom Kirch	17. der neue Thurn	22. Pfarrk. S. Maur.
8. Templ. S. Petri.	13. Templ. B. V. Mariæ.	18. Coenob. Lauhus.	23. Monast. PP. Francisc.	3. Catharina Thr.	8. S. Petri Kirch	13. Kirch zu U. L. Frauen	18. Cartheus Clost.	23. Francisc. Clost.
9. Templ. PP. Dominican.	14. Colleg. PP. Iesuitar.	19. Monast. Monial. S. Claræ	24. Porta Luteria.	4. S. Blasii Kirch	9. Dominican. Kirch	14. Jesuiter Coll.	19. Clarisser Closter	24. Luter Thor
10. Resident. Canonic.	15. Templ. PP. Iesuitar.	20. Xenodochium	25. Monast. Hradisch.	5. S. Cather. Junfr. Closter	10. Domherrn. Kirch	15. Jesuiter Kirch	20. Spital	25. Closter Hradisch

6. Celkový pohled na Olomouc od severu; po r. 1804, lavírovaná kresba (OA Olomouc)

7. Celkový pohled na Olomouc od západu; 1674, akvarel (OA Olomouc)

8. Celkový pohled na Olomouc od severozádu

9. Celkový pohled na Olomouc od západu; po roce 1840, kolorovaná litografie (VM Olomouc)

10. Celkový pohled na Olomouc od jihu
11. Zástavba východní části města — olomouckého Předhradí s kostelem P. Marie Sněžné a dómem sv. Václava, pohled z věže kostela sv. Mořice

12. Bývalý přemyslový hrad v Olomouci od severu, dóm sv. Václava s válcovou věží a středověkou hradbou, pohled z parku pod dómem
13. Budova kapitulního děkanství s válcovou věží od severovýchodu; závěr kaple sv. Anny, kaple sv. Jana Křtitele

14. Dóm sv. Václava s kaplí sv. Anny, průčelí dómu po požáru věže v r. 1804, v popředí procesí venkovanů v hanáckých krojích; 19. stol., akvarel F. Richter (VM Olomouc)

15. Západní průčelí dómu sv. Václava s kaplí sv. Anny od západu
16. Dóm sv. Václava, interiér, pohled do lodi a presbytáře odděleného mříží

17. Dóm sv. Václava, interiér presbytáře, novogotická okna z 80. let 19. stol., dílo mnichovské firmy Mayer, na prostředním okně předává olomoucký arcibiskup, kardinál B. Fürstenberk, stavebník novogotického dómu, kostel patronu sv. Václavovi
18. Kapitulní děkanství od severu; 19. stol., litografie (VM Olomouc)

19. Kapitulní děkanství od západu
20. Kapitulní děkanství, celkový pohled z Václavského náměstí

21. Kapitulní děkanství, tzv. erbovní sál; stěny obloženy kazetovým způsobem se znaky členů kapituly malovanými na plátně
22. Národní kulturní památka — Přemyslovský palác (dále jen románský palác), vstup do objektu; původní restaurované románské okno (č. 1) v přechodu mezi původním palácem a věží katedrály, zasklení provedl J. Jemelka, novorománský portálek z doby regotizace dómu

23.—26. Sdružená okna románského paláce, západní stěna přechodu
23. Okno č. 3 před restaurací

24. Okno č. 1 po restauraci, otevřené do náměstí
25. Okno č. 3 před restaurací, detail

26. Okno č. 3 po restauraci, detail hlavice, náběžníku a paty okenních záklenků
27. Románský palác, západní stěna přechodu se třemi sdruženými okny

28. Románský palác, severní stěna někdejšího velkého sálu v 1. patře, trojdílná okna č. 6 a 7
29. Románský palác, západní stěna přechodu, sdružené okno č. 2; detail hlavice a náběžníku

30. Románský palác, severní stěna někdejšího malého sálu v 1. patře, okno č. 5, stav po restauraci
31. Kaple sv. Jana Křtitele přistavěná k severní zdi paláce; interiér po rekonstrukci
    a) před instalací expozice b) a po instalaci expozice Přemyslovský palác

32. Kaple sv. Jana Křtitele, východní pole gotické klenby s restaurovanými freskami z počátku 16. století (sv. Václav, Ludmila, Kristýn, Kordula, Voršila, Kateřina, Alžběta a Barbora)
33. Wurmova ul., bývalé kanovnické rezidence, pohled od severu z Dómské ul.

34. Arcibiskupská rezidence (Wurmova č. 9), průčelní fasáda od severozápadu z Biskupského nám.

35. Arcibiskupská rezidence, velký štukový sál v reprezentačním 1. patře západního křídla; bohatá štuková výzdoba pochází z počátku 18. století; restaurace provedena v roce 1977—78

36. Arcibiskupská rezidence, reprezentační část objektu; tzv. trůnní sál, v němž 2. prosince 1848 nastoupil na rakouský trůn osmnáctiletý František Josef I. (na císaře byl korunován ve Vídni); mezi okny pamětní deska na tuto událost; průhled do následujících sálů
37. Arcibiskupská rezidence, tzv. zlatý sál s klasicistními kamny a zamřížovaným otvorem malé soukromé kaple v síle zdiva; kaple byla objevena při restauraci interiéru v 70. letech

38. Arcibiskupská rezidence, tzv. červený sál s rokokovými kamny, benátským zrcadlem, křišťálovými lustry a kamenné ostění vchodu do kaple v síle zdi
39. Arcibiskupská rezidence, jeden ze sálů reprezentační části; úprava interiéru pochází ze 70. let našeho století, kdy byla provedena nákladná restaurace; mobiliář, porcelán a jiné historické předměty jsou součástí bohaté sbírky olomouckých biskupů a arcibiskupů

40. Arcibiskupská rezidence, ložnice; pamětní deska připomíná podepsání tzv. Olomouckých punktací v roce 1850
41. Arcibiskupská rezidence, salónek — nejsevernější místnost reprezentační části; rokoková kamna, na stolku rozložen cestovní kabinet arcibiskupského sekretáře

42. Arcibiskupská rezidence, privátní biskupská kaple ve 2. patře; bohatá štuková výzdoba klenby pochází z přelomu 17. a 18. století
43. Biskupské nám., průčelní fasáda Tereziánské zbrojnice z let 1771—1778 a uliční fasáda arcibiskupské rezidence

44. Bývalé kanovnické rezidence; Wurmova ul. č. 11 (Zemský archív), č. 13 a Křížkovského ul. č. 14 a 12 — objekty Univerzity Palackého po rekonstrukci
45. Objekty bývalých kanovnických rezidencí v ulici Křížkovského č. 12—14 a Wurmova č. 13

46. Křížkovského ul., celkový pohled na nám. Republiky; vpravo bývalá kanovnická rezidence (dnes Okresní archív v Olomouci), vzadu objekty bývalého kapitulního probošství (rektorát Univerzity Palackého) a novodobá budova filozofické fakulty
47. Náměstí Republiky; bývalý klášter klarisek (Vlastivědné muzeum), Galerie výtvarného umění, vlevo budova bývalé jezuitské koleje, v popředí kašna Tritonů

48. Náměstí Republiky s kašnou Tritonů, přenesena 1890 z bývalého Rybího trhu
49. Bývalý klášter kartuziánů od severu; na jeho místě byla v letech 1838—46 postavena empírová budova Hanáckých kasáren; 1782, tempera na pergamenu v rukopise MATRICVLA SACRA, str. 374, A. Lublinský (OA Olomouc)

50. Pěší kadetní škola od jihozápadu; dnes Dům armády (tř. 1. máje); kolem 1860, kolorovaná litografie (OA Olomouc)
51. Náměstí Republiky a třída 1. máje, budova muzea, Hanácká kasárna, Dům armády a v pozadí dómská věž

52. Bývalý kostel P. Marie na Předhradí od jihozápadu; stával ve východní části nám. Republiky a v místech budovy okresního hejtmanství (dnes Okresní knihovna); 19. stol., anonymní akvarel podle Minichova modelu (OA Olomouc)

53. Olomoucké Předhradí s bývalým kostelem P. Marie, jezuitskou kolejí a kostelem P. Marie Sněžné; po r. 1724, rytina M. Engelbrechta podle kresby F. B. Wernera (OA Olomouc)

Prospectus Templi et Collegii P.P. Jesuitarum Olmutii in Moravia.
1. Templum ad D. Virginem.

Prospect der Kirch und des Collegii derer P.P. Jesuiter zu Ollmütz in Mähren.
1. U.L. Frauen Kirch.

Cum Priv. Sac. Cæs. Maj.

Martin Engelbrecht excud.

54. Kostel P. Marie Sněžné, průčelí od severu
55. Kostel P. Marie Sněžné, varhany z roku 1726 na kruchtě bohatě zdobené štukaturou

56. Kostel P. Marie Sněžné, barokní sakristie se štukovou výzdobou klenby a bohatě intarzovaným mobiliářem
57. Kostel P. Marie s Novou bránou, zbořenou 1786; čelo průvodu kardinála Troyera; kol. 1780, olej na plátně, zámek v Kroměříži

58. Ulice Denisova s kostelem P. Marie Sněžné, pohled z podloubí Ostružnické ul.
59. Dělostřelecká škola od jihozápadu v ulici Božího Těla (ul. Univerzitní), původně budova jezuitského konviktu; kolem r. 1860, kolorovaná litografie (OA Olomouc)

60. Bývalá jezuitská kolej, barokní štít se štukovou výzdobou východního křídla, pohled od východu z Bezručových sadů
61. Kaple bl. Jana Sarkandra v nároží ulic Univerzitní a Mahlerovy; barokní kapli z poč. 18. století nechal přestavět arcibiskup F. Bauer v letech 1909—12 podle návrhu E. Sochora; kaple byla původně zbudována na místě městského vězení, v němž na následky výslechů s použitím práva útrpného zemřel v r. 1620 holešovský farář, bl. Jan Sarkander

62. Horní náměstí s Krajinskou lékárnou a bývalým Pozemkovým ústavem (1931, K. Madlmayr), dále kostel sv. Michala a v pozadí kostel P. Marie Sněžné; pohled z věže radnice
63. Kostel sv. Michala, pohled od severozápadu

64. Kostel sv. Michala, pohled do kupolí
65. Ulice Michalská, pohled od východu z Žerotínova náměstí

66. Žerotínovo náměstí, kostel sv. Michala s bývalým dominikánským klášterem; klášter přestavěn 1835—41 pro potřeby kněžského semináře
67. Školní ulice; asi 1814, kolorovaná kresba tužkou E. Pendl (Galerie Olomouc)

68. Školní ulice s radniční věží, vlevo rekonstruovaný dům pro Památkový ústav v Olomouci, pohled z Žerotínova náměstí, kde byla na přelomu 50. a 60. let provedena rozsáhlá bloková rekonstrukce domů
69. Školní ulice s typickými prampouchy, pohled k radnici
70. Panská ulice, pohled od Žerotínova náměstí k Dolnímu náměstí

71. Dolní náměstí, pohled od severu z věže radnice
72. Dolní náměstí, západní fronta domů s Haunschildovým palácem

73. Dolní náměstí od severozápadu; po r. 1724, rytina M. Englebrechta podle kresby F. B. Wernera (OA Olomouc)

74. Dolní rynk (Dolní náměstí) od severozápadu; 1890, lavírovaná perokresba L. E. Petrovitse (OA Olomouc)

75. Dolní náměstí, východní fronta domů a morový sloup P. Marie z r. 1723, pohled od Lafayettovy ulice
76. Kašna Jupiterova na Dolním náměstí

77. Haunschildův palác na nároží Dolního náměstí a ulice Lafayettovy (Dolní), renesanční výzdobě fasády dominuje nároží arkýř a kamenný portál
78. Haunschildův palác, detail nárožního arkýře s reliéfy z Ovidiových Metamorfóz (Proměn) podle předloh V. Solise

79. Kašna Neptunova na Dolním náměstí; sochu boha moří vytvořil M. Mandík v roce 1683
80. Horní náměstí se sousoším Nejsvětější Trojice a západní frontou domů, pohled z věže radnice

81. Horní rynk (Horní nám.) s budovou radnice od západu; po r. 1724, rytina M. Engelbrechta podle kresby F. B. Wernera (OA Olomouc)

82. Radnice, severní fasáda s věží a orlojem na plátně Troyerova vjezdu do Olomouce, detail; kolem 1780, olej na plátně (zámek Kroměříž)

83. Horní náměstí s radnicí a sloupem Nejsvětější Trojice, pohled od východu
84. Horní náměstí, pohled na severozápadní nároží radnice, v popředí dolní partie sousoší Nejsvětější Trojice

85. Horní rynk, pohled na radnici od jihozápadu s pomníkem císaře Františka Josefa I. z r. 1896, odstraněn 1919; pohlednice (VM Olomouc)

86. Horní náměstí, západní průčelí s hlavním vstupem do objektu, pohled od Pavelčákovy ulice

87. Radnice, západní průčelí, detail znaků na jednoramenném schodišti
88. Orloj na olomoucké radnici, barokní úprava s nástěnnými malbami J. K. Handkeho; 1805, akvarel J. V. Fischera (OA Olomouc)

89. Orloj po novogotické úpravě dokončené 1898, pohlednice (VM Olomouc)
90. Současný stav orloje po rekonstrukci provedené v r. 1955, mozaiky K. Svolinského

91. Radnice, renesanční dvouramenné schodiště s lodžií, na parapetu schodiště znaky: císařský, znak Uher, Čech, Dol. Rakous, Moravy, Slezska a Olomouce; 1591, autorem olomoucký kameník H. Jost

92. Radnice, pracovna starosty Úřadu města Olomouce; novogotická úprava s táflováním stěn a kazetovým stropem pochází z počátku našeho století; součástí inventáře je i obraz na plátně od L. E. Petrovitse z r. 1895 — Olomouc od západu a zbytky opevnění

93. Horní rynk (Horní náměstí) se sloupem Nejsvětější Trojice a domy v západní frontě náměstí, obraz Troyerova vjezdu do Olomouce; kolem 1780, olej na plátně, detail (zámek Kroměříž)

94. Horní náměstí se sloupem Nejsvětější Trojice — životním dílem olomouckého kameníka V. Rendra, které dokončili jeho spolupracovníci v r. 1754 — a domy v západní frontě, Švédská ulička s typickými prampouchy, Petrášův palác, barokní dům U zeleného stromu a novodobá budova pošty z r. 1912
95. Horní náměstí, v západní frontě zástavby budova Moravského divadla a bývalý hotel Lauer, novorenesanční objekt z r. 1872

96. Sousoší Nejsvětější Trojice, detail bohaté sochařské výzdoby dolní části
97. Kašna Herkulova na Horním náměstí, dílo sochaře M. Mandíka z let 1678—79

98. Horní náměstí, severní fronta zástavby náměstí s nejhodnotnějším palácem, který postavil v renesančním slohu bohatý obchodník V. Edelmann koncem 16. století

99. Horní rynk s radnicí a Caesarovou kašnou od severozápadu: 1853, kolorovaná litografie podle F. Kalivody (Galerie Olomouc)

100. Horní náměstí, východní průčelí radnice s renesanční lodžií a Caesarovou kašnou
101. Horní náměstí, východní fronta zástavby náměstí, Krajinská lékárna s klasicistně upravenou fasádou z r. 1818 a zásahy ze 30. let našeho století (K. Madlmayr), od r. 1571 je zde lékárna, v domě se narodil olomoucký biskup Marek Khuen; s lékárnou sousedí budova bývalého Pozemkového ústavu z r. 1931 (K. Madlmayr)

102. Ostružnická ulice a Rybí trh s kašnou Tritonů na obraze Troyerova vjezdu do Olomouce; kolem 1780, olej na plátně, detail (zámek Kroměříž)

103. Kostel sv. Mořice od jihu z věže radnice; po levé straně vrchol budovy Prioru, v popředí domy severní fronty zástavby Horního náměstí

104. Kostel sv. Mořice od severozápadu; 1677, tempera na pergamenu v rukopise MATRICVLA SACRA, str. 164, A. Lublinský (OA Olomouc)
105. Ulice 8. května (Česká) s kostelem sv. Mořice, v popředí novostavba obchodního domu Prior, pohled od náměstí Národních hrdinů

106. Kostel sv. Mořice od severovýchodu; 19. století, litografie s barevným potiskem (VM Olomouc)

107. Kostel sv. Mořice, pohled od severovýchodu na presbytář a severní fasádu s hranolovou věží v průčelí

108. Kostel sv. Mořice, celkový pohled do střední lodě a presbytáře s křídlovým hlavním oltářem z 19. století
109. Kostel sv. Mořice, Englerovy varhany na hudební kruchtě

110. Kostel sv. Mořice od jihozápadu, po levé straně Mořická kasárna; 1854, akvarel (VM Oloumoc)
111. Kostel sv. Mořice, západní průčelí se dvěma charakteristickými věžemi

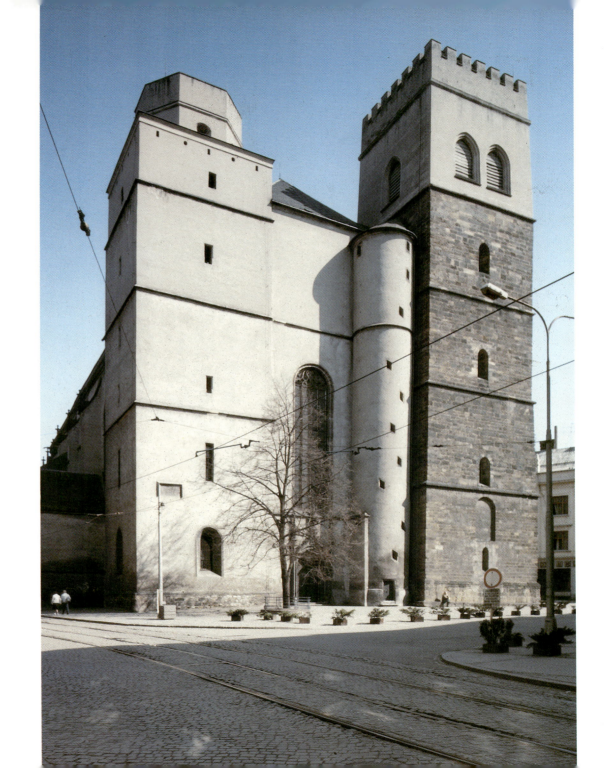

112. Kašna Merkurova, asi nejlepší socha ze šesti olomouckých kašen, 1727 ji zhotovil sochař F. Sattler
113. Národní dům na nároží ul. 8. května a Slovenské, novorenesanční budovu postavil v letech 1886—87 stavitel K. Starý starší, někdejší středisko českého kulturního života v Olomouci

114. Kostel Neposkvrněného početí P. Marie, pohled od východu na presbytář a mladší loretánskou kapli
115. Náměstí Národních hrdinů, místo zrušení Litovelské výpadní brány, po levé straně budova polikliniky, postavená 1925—27 jako nemocenská pojišťovna, ul. 8. května (Česká) otevírá průhled ke kostelu sv. Mořice, po pravé straně ústí ulice Riegrovy (Litovelské), mezi ulicemi secesní budova kina Edison z r. 1913

116. Vodární ulice od jihu; 1895, akvarel L. E. Petrovitse (OA Olomouc)
117. Třída Svobody, budova Spotřebního družstva Jednota, postavena v 70. letech na okraji historického jádra

118. Třída Josefa z Englů (dnes tř. Svobody) a Justiční palác (Okresní soud, prokuratura a věznice) postavený 1902 na místě zbořených barokních pevnostních staveb; poč. 20. století, pohlednice (VM Olomouc)

119. Třída Svobody od jihu, budova okresního soudu, banka a bývalý evangelický kostel nazývaný „červený kostel"
120. Třída Josefa z Englů (tř. Svobody) s mlýnským tokem zrušeným po 2. světové válce; poč. 20. stol., pohlednice (VM Olomouc)

121. Terezská brána od jihu, 1896, akvarel, architekt R. Dammer (OA Olomouc)
122. Terezská brána, součást barokní bastionové pevnosti, brána postavena 1752; zásluhou C. Sitteho zachována jako významný relikt pevnostních staveb

123. Židovská synagóga, dostavěná 1897, 1939 zapálena fašisty a srovnána se zemí; kolem r. 1900, pohlednice (VM Olomouc)

124. Terezská brána a synagóga, kolem r. 1900, pohlednice (VM Olomouc)

125. Palachovo náměstí s Terezskou bránou
126. Celkový pohled na Olomouc od jihozápadu se zbytky pevnostních staveb v úseku dnešní třídy Svobody; 1895, olej na plátně L. E. Petrovitse (radnice, pracovna starosty)

127. Plán olomoucké pevnosti z roku 1686 (OA Olomouc)
128. Středověké městské hradby v úseku od tzv. katovny k někdejší Blažejské bráně, Bezručovy sady zřízené už ve 30. letech 19. století

129. Bezručovy sady, středověké hradby rekonstruované v 70. letech našeho století, úsek od tzv. katovny po Michalský výpad
130. Bezručovy sady, středověké městské hradby v úseku Michalského kopce

131. Michalský výpad od severovýchodu; po r. 1890, akvarel L. E. Petrovitse (VM Olomouc)

132. Olomoucká pevnost, opevnění a prachárna na východní straně města; 1895, akvarel L. E. Petrovitse (VM Olomouc)

133. Plán fortové pevnosti; polovina 19. století (OA Olomouc)
134. Smetanovy sady jsou hlavním olomouckým parkem, jeho základem se stala Rudolfova alej z r. 1820, délka je přes 700 m; výstavnická organizace Flóra Olomouc (1966) pořádá zde a v dalších parcích pravidelné mezinárodní výstavy květin

135. Arcibiskupská rezidence od východu, projížďka císaře Františka Josefa I., úsek mostů přes moravní toky před Hradskou bránou; po r. 1848, kolorovaná litografie F. Kaliwoda (VM Olomouc)
136. Nádražní třída (Masarykova), pohled od východu (od nádraží k městu); po r. 1900, pohlednice (VM Olomouc)

137. Hlavní nádraží v Olomouci, první nádražní hala postavená kolem
r. 1840, příjezd prvního vlaku z Přerova do Olomouce 17. října 1841;
litografie (OA Olomouc)

138. Budova hlavního nádraží, postavena kolem r. 1880, současná podoba pochází z let 1936—38

139. Celkový pohled na Olomouc od východu, poč. 19. století, kolorovaná rytina (Galerie Olomouc)
140. Klášter Hradisko od jihu; 1781, tempera na pergamenu v rukopise MATRICVLA SACRA, str. 329, A. Lublinský (OA Olomouc)

141. Klášter Hradisko, celkový pohled na barokní klášterní komplex, v popředí řeka Morava
142. Klášter Hradisko, jižní průčelní fasáda s hlavním vchodem do objektu

143. Klášter Hradisko od severovýchodu; po r. 1724, rytina M. Engelbrechta podle kresby F. B. Wernera (OA Olomouc)
144. Klášter Hradisko, kostel sv. Štěpána napojený na východní křídlo komplexu

145. Celkový pohled na Olomouc od jihozápadu; 1781, tempera na pergamenu v rukopise MATRICVLA SACRA, str. 212, A. Lublinský (OA Olomouc)
146. Celkový pohled na Olomouc od západu se Svatým Kopečkem; po r. 1804, kolorovaná mědirytina (VM Olomouc)

147. Svatý Kopeček, poutní kostel Navštívení P. Marie s bývalou premonstrátskou rezidencí, v popředí polní kaplička

148. Svatý Kopeček, poutní kostel Navštívení P. Marie, pohled k hlavnímu oltáři
149. Svatý Kopeček, poutní kostel Navštívení P. Marie, barokní varhany D. Siebra a A. Richtra z poč. 18. století, bohatá štukatura od B. Fontany

150. Svatý Kopeček, ambit poutního kostela s kaplí sv. Anny
151. Svatý Kopeček, sousoší sv. Norberta na nádvoří ambitu poutního kostela, v pozadí kaple sv. Anny

152. Svatý Kopeček, západní průčelí poutního kostela Navštívení P. Marie

Fotografie na obálce:
Celkový pohled na Olomouc od západu;
1895, olej
L. E. Petrovits

DAS STÄDTISCHE DENKMALSCHUTZGEBIET OLOMOUC IN DEN WANDLUNGEN DER JAHRHUNDERTE

Olomouc gehört zu unseren ältesten und bedeutendsten Städten. Mit ihrer Stellung und historischen Entwicklung ist sie lediglich mit der Hauptstadt des tschechischen Staates — Prag — vergleichbar. Die Anfänge beider Städte, des tschechischen Prags und des mährischen Olomouc reichen bis in die Zeit des Großmährischen Reiches zurück, wo unsere Völker den ersten Grundstein zur gemeinsamen Kultur und Bildung legten. Erst in den nachfolgenden Jahrhunderten bildete sich ihre Stellung in der Verwaltung des frühfeudalen Přemyslidenstaates heraus. Zu Beginn des 11. Jahrhunderts nach der Anschließung Mährens an Böhmen baut Fürst Břetislav im altslawischen Olomouc eine Přemyslidensiedlung auf, die ein halbes Jahrhundert lang als Sitz der Angehörigen des Nebenzweiges der Přemyslidendynastie diente. Olomouc errang eine Vorrangstellung in dem neuen Burgsystem auch unter den Přemyslidenteilfürsten von Brno und Znojmo. Ähnlich wie in Prag (973) wurde in Olomouc 1063 ein Bistum mit Jurisdiktion für ganz Mähren errichtet. Olomouc war seit jenem Zeitpunkt so wie Prag Sitz nicht nur der landesherrschaftlichen, sondern auch der kirchlichen Verwaltung mit allen politischen, wirtschaftlichen und kulturellen Folgen.

Im Raum der heutigen Stadt wird als Sitz dieser Siedlung der östliche Teil, der sog. Hügel Olomoucký kopec bestimmt. Hier befand sich gleichfalls die älteste bekannte Peterskirche, die zur Bischofskirche erhoben wurde. Ihre romanische Gestalt entschwand unter späteren Umbauten bis sie Ende des 18. Jahrhunderts infolge der Josefinischen Reformen gänzlich aufgehoben und abgerissen wurde. Sie stand im Raum der heutigen Philosophischen Fakultät im Straßenzug Křížkovského ulice.

Der Verlust der Burgkirche des hl. Petrus zugunsten des Bistums dürfte wohl der Grund gewesen sein, warum die Přemysliden auf dem gegenüberliegenden Felsvorsprung eine neue Burg erbauten. Außer dem abgegrenzten Gehöft mit Wohnpalas des Fürsten begann zu Beginn des 12. Jahrhunderts Fürst Svatopluk mit dem Bau der Wenzelskirche. Die dreischiffige romanische Basilika vermochte auch sein Sohn, Fürst Wenzel, nicht zu beenden, der sie kurz vor seinem Tode dem Bischof Jindřich Zdík (1126—1150) übergab. Zunächst weihte der Bischof die Kirche ein (1131), dann beendete er die Bauarbeiten und übertrug schließlich den Bischofsstuhl aus der Peterskirche hierher in die Wenzelskirche (1141).

In der Nachbarschaft, nördlich vom neuen Dom ließ Bischof Zdík ein Gebäude für das Kapitel und repräsentativen Bischofspalast erbauen. Noch vor Mitte des 12. Jahrhunderts entstand so in Olomouc ein interessanter romanischer Komplex sakraler Bauwerke, den die zeitgenössischen Quellen als Wenzelsmünster bezeichnen.

Seine Repräsentationsfunktion als Sitz verlor der romanische Palas im 13. Jahrhundert, wo er unter Bischof Robert (1201—1240) als Domschule diente. Baumäßig entschwand er erst im 14. Jahrhundert bei dem großen gotischen Umbau des Doms. An seiner Stelle entstand ein neuer Kapitelkreuzgang. Vom Palas blieben nur zwei Umfassungsmauern mit herrlich verzierten romanischen Fenstern im Stockwerk.

Im Jahr 1867 wurden sie zufällig von K. Biefel entdeckt. Nachdem der Torso des romanischen Palasses zum Nationalen Kulturdenkmal (1962) erklärt wurde, folgte eine umfassende und komplizierte Rekonstruktion sowie Restaurierung der Überreste dieses hervorragenden romanischen Bauwerkes. Nach Beendung der Restaurierung wurde das Baudenkmal 1988 der Öffentlichkeit zugänglich gemacht.

Der Wenzelsdom erfuhr in den folgenden Jahrhunderten noch eine Reihe stilmäßiger Wandlungen. In den Jahren 1883—1892 ließ sie der Olmützer Erzbischof, Kardinal Friedrich Fürstenberg, im neogotischen Stil umbauen und durch den Südturm und die nördliche Chorkapelle ergänzen.

Nach Aussterben der Přemyslidenzweiges von Olomouc um das Jahr 1200 entschwand auch das fürstliche Gehöft und an seiner Stelle entstehen neue Objekte. Insbesondere das Haus des Kapiteldechanten, in dessen Räumenlichkeiten am 4. August 1306 der letzte männliche Nachfahre der tschechischen herrschenden Dynastie, Wenzel III., beim Polenfeldzug ermordet wurde. Im 16. Jahrhundert wurde auch das Burggrafenamt der Burg von Olomouc aufgelassen, das sich in der Nähe des Rundturms befand, der in Barockgestalt mit der Barbarakapelle erhalten geblieben ist. An der Wende des 17. und 18. Jahrhunderts entstand hier die ausgedehnte Residenz des Kapiteldechanten (heute Objekte der Universität).

In der Zeit der sinkenden Bedeutung der Burg von Olomouc entstand aus den Handwerker- und Händlerortschaften in der Vorburg eine mittelalterliche Stadt — Zentrum des Handwerks und Handels, das dank der vorteilhaften Lage und der vorausgegangen Entwicklung wieder eine wichtige Stellung unter den mährischen Städten erlangte. Der Prozeß der allmählichen Integration der früher selbständigen Ortschaften zu einem einzigen Stadtkomplex endete kurz vor der Mitte des 13. Jahrhunderts. Das Entstehen der Stadt belegen unter anderem auch die Bettelorden, die in Olomouc ihre ersten Klöster gründeten. In den 30er Jahren des 13. Jahrhunderts sind es die Minoriten und etwas später die Dominikaner. Das gotische Dominikanerkloster entstand bei der älteren Michaelskirche an der höchsten Stelle des Hügels Olomoucký kopec. Aus dem 14. Jahrhundert ist der ursprüngliche Klosterkreuzgang mit Alexanderkapelle erhalten geblieben. Die Michaelskirche mit dem anliegenden Kloster erfuhr unter den Dominikanern Barockumbauten.

Das in Předhradí mit der Franziskuskirche erbaute Minoritenkloster erwarben im 16. Jahrhundert die Jesuiten, die hier in der zweiten Hälfte des 17. und zu Beginn des 18. Jahrhunderts einen weitläufigen Komplex mit Kollegs, Konvikten und Universitätsgebäuden errichteten, der sich um die barocke Maria-Schnee-Kirche konzentrierte. Der Kirchenbau verlief von 1712—1719. Mit der reichhaltigen Innenausschmückung gehört die Kirche zu den bedeutendsten barocken Sakralbauten in Olomouc. Nach Auflösung des Jesuitenordens diente die Kirche der Garnison in Olomouc.

Die Mehrzahl der Klöster, mehrere Kirchen (Peterskirche, Marienkirche in Předhradí, Blasiuskirche auf dem Blasiusplatz), Spitäler und eine Reihe von Kapellen wurden von Josef II. aufgelöst und an der Wende des 18. und 19. Jahrhunderts abgerissen. In Olomouc kam es so zum drastischsten Eingriff in den mittelalterlichen Städtebau und zu einer spürbaren Einschränkung der gotischen und barocken Architektur mit der Vielzahl an Kunstgegenständen.

Das wichtigste Bauwerk einer jeden mittelalterlichen Stadt stellte das Rathaus dar. Ein Rathaus mit Krämerhaus oder Markthalle gestattete der mährische Markgraf Jošt 1378 den Bürgern von Olomouc. Von der doppelten Funktion des Gebäudes zeugt sein Grundriß. Der östliche zweigeschössige Trakt mit Turm diente als Rathaus. Zwei Gebäude mit einem langgestreckten Innenhof, zu dem sich die Krämerläden öffneten, bildeten die Markthalle. Zu den bemerkenswerten künstlerischen Details zählt die spätgotische Hieronymuskapelle mit hervortretendem Erker an der Südfront. Die astronomische Kunstuhr am Rathausturm stammt aus dem 15. Jahrhundert. Ähnlich wie das Rathausgebäude erfuhr auch die Kunstuhr eine Reihe von baulichen und gestalterischen Wandlungen. Die barocke Umgestaltung aus dem 18. Jahrhundert wurde von der neogotischen Restaurierung an der Wende des 19. und 20. Jahrhunderts abgelöst. Die derzeitige Gestalt der Kunstuhr ist das Werk des Nationalkünstlers K. Svolinský aus dem Jahr 1955. Von den Renaissanceumgestaltungen ist der zweiarmige Treppenaufgang zum Haupteingang im Stockwerk auf der Ostseite, versehen mit einer reich verzierten Renaissance-Loggia, am wichtigsten.

Unter den zahlreichen Sakralbauten in Olomouc sticht die Mauritius-Hauptpfarrkirche hervor. Die mächtige dreischiffige Hallenkirche mit dem dreifach abgeschlossenen Presbyterium, über dem sich Kreuz- und Netzgewölbe ausdehnen, gehört zu den Höhepunkten der gotischen Architektur in Mähren. Die Westseite weist zwei eckige Türme auf, von denen der südliche, unverputzte den ältesten Teil des Bauwerks darstellt. Der komplizierte und mehrmals unterbrochene Bau der Kirche wurde um das jahr 1540 beendet. Nach der Feuersbrunst 1709 erhielt die Kirche mehrere Barockaltäre. Auf dem Musikchor beendete 1745 der Breslauer Orgelbauer M. Engler das Kleinod unserer Orgeln. Nach der Rekonstruktion und Ausbau in den 60er Jahren unseres Jahrhunderts wurde die Orgel gleichzeitig zum größten Instrument bei uns. Der Flügel-Hochaltar, die Kanzel und die Fenstervitraillen sind das Werk der neogotischen Restaurierung vom Ende des 19. Jahrhunderts.

In der unwritstehenden spätgotischen Klosterkirche der Unbefleckten Empfängnis der hl. Jungfrau Maria wurden kürzlich bei Umgestaltung des Interieurs bislang unbekannte Wandmalereien entdeckt. Vom Gesichtspunkt der Kulturgeschichte ist die Zeichnung an der Nordwand des Presbyteriums von größter Bedeutung. Es handelt sich um eine monumentale Linienzeichnung mit dem Pinsel in schwarzer Farbe auf Kalkverputz. Das Bild stellt die Schlacht um Belgrad am 22. 7. 1456 dar. Den Kampf gegen die Türken im belagerten Belgrad führte J. Hunyady, der Vater des späteren ungarischen Königs Matthias Corvinus. Die zeitgenössische Legende schreibt jedoch das Hauptverdienst an dem Sieg der Christen J. Kapistrán zu. Auf dem Bild sind beide Akteure dargestellt, und beide haben eine wichtige Beziehung zu dieser Kirche. Kapistrán gründete hier das Bernhardinerkloster und König Matthias Corvinus nahm and er Einweihung der Kirche im Jahr 1468 teil.

Ansehen und Popularität der Stadt Olomouc erreichten ihren Höhepunkt im

Zeitraum des Humanismus und der Renaissance. In der Stadt wurde eine Reihe von Renaissance-Palästen der reichen Bürger (Edelmann, Haunschild) und des Adels erbaut. 1573 entstand hier unsere zweitälteste Universität. Sie wurde von den Jesuiten gegründet, die der Olmützer Bishof Vilém Prusinovský hierher berief. Den grösten Aufschwung verzeichnete die Universität im 18. Jahrhundert. Nach komplizierten Peripetien wurde sie 1860 aufgelöst. Zur Erneuerung kam es erst nach dem zweiten Weltkrieg (1946) mit der Bezeichnung Palacký-Universität.

Obwohl die Bedeutung von Olomouc im 17. Jahrhundert unter der Einbuße der Landesämter und den katastrophalen Folgen der schwedischen Besetzung gegen Ende des Dreißigjährigen Krieges spürbar gelitten hatte, entstanden in baulicher und künstlerischer Hinsicht auf den Ruinen des einstigen Ruhms neue Barockbauten, die den Charakter des heutigen historischen Stadtkerns bestimmten. Es gab wohl kein Objekt das von der Barockumgestaltung der Stadt unberührt geblieben wäre. An der Stelle der vernichteten und ausgebrannten Gebäude entstanden neue Paläste, Residenzen der kirchlichen Würdenträger sowie Bürgerhäuser. Auf dem Oberen Ring (Horní náměstí) wurden im 18. Jahrhundert die Paläste der Familien Salm, Petráš, Dietrichstein und vieler anderen neu erbaut oder umgestaltet. In Předhradí enstand außer der kanonischen Residenz der größte Palastbau — der Bischofspalast mit 85 m Straßenfront. Der Olmützer Bishof Karl II. von Lichtenstein, der Bauherr der Residenz, legte hier eine ungemein große Sammlung, namentlich von Bildern und graphischen Blättern an. Im ersten Stock des westlichen Straßenflügels wurde kürzlich der repräsentative Teil der Residenz restauriert. Im sog. Thronsaal bestieg am 2. 12. 1848 nach Abdikation des Kaisers Ferdinand V. der achtzehnjährige Franz Josef I. den Thron. Zwei Jahre später wurde in einem anderen Raum dieser Residenz das Abkommen zwischen Österreich und Preußen, die sog. Olmützer Punktation, unterzeichnet.

In der ersten Hälfte des 18. Jahrhunderts erhielten beide städtischen Marktplätze, der Obere (Horní náměstí) und der Untere Ring (heute Dolní náměstí) monumentale barocke Skulpturen. Auf dem Unteren Ring ist es die Marien-Pestsäule von dem Bildhauer und Steinmetzen V. Render aus Olomouc, die 1723 beendet wurde. Von 1716—1754 enstand die Statuengruppe der Dreifaltigkeitssäule auf dem Oberen Ring. Das Werk wurde gleichfalls mit Renders Namen in Verbindung gebracht, der es auf eigene Kosten in Angriff nahm. Nach Renders Tod (1733) beendeten Steinmetzen und Bildhauer seiner Werkstatt die Statuengruppe.

Nicht wegzudenken sind aus der barocken Bildhauerei in Olomouc die unikaten sechs Brunnen. Der Wert des Komplexes mit feinfühliger Bindung an das Milieu gleicht auch die unterschiedlichen Qualitäten der einzelnen Bauwerke aus. Am ältesten sind der Herkules-Brunnen (1678—1679) auf dem oberen Ring und der Neptun-Brunnen (1683) auf dem Unteren Ring, beides Werke des bildhauers M. Mandík. Das Gegenstück zu Neptuns-Brunnen bildet der Jupiter-Brunnen aus dem Jahr 1735. Auf dem heute nicht mehr existierenden Fischmarkt wurde 1709 der Tritonen-Brunnen errichtet, der 1890 auf den heutigen Stadtplatz Náměstí Republiky verlagert wurde. Gegenüber der Rathausfront steht der Cäsar-Brunnen (1725). Cäsar wurde von den Humanisten in Olomouc für den legendären Begründer von Olomouc erachtet. Und der letzte, der Merkur-Brunnen von F. Sattler aus dem jahr 1727 ist das beste Werk des ganzen Komplexes. Er steht in der ulice 8. května gegenüber dem Národní dům.

Nordwestlich der Stadt entstand schon im 11. Jahrhundert das Kloster Hradisko. Seine ursprüngliche romanische Gestalt entschwand im Verlauf der Jahrhunderte, wo Feuersbrünste und Vernichtungen in den Kriegen gute Gelegenheit zu zahlreichen Umbauten waren. Die heutige Gestalt des umfassenden Klosterkomplexes (seit 1802 Militärkrankenhaus) stammt aus der Wende des 17. und 18. Jahrhunderts. Das ganze Prämonstratenser Bauwerk in Hradisko bei Olomouc wurde endgültig 1736 beendet. Der Bau wurde mit vier mächtigen Flügeln auf viereckigerm Grundriß und polygonalen Ecktürmen konzipiert. Der Innenhof ist durch einen Quertrakt getrennt, den die Konventkirche, der Hauptturm und die ehemalige Bibliothek bilden. Dem Ostflügel liegt die Stephanskirche aus den Jahren 1726—1731 an. Die monumentale Barockarchitektur ergänzen entsprechende Fresken und Stuckausschmückung des Interieurs.

Mit dem barocken Olomouc ist noch ein weiteres Objekt verknüpft, das östlich von der Stadt auf einem der Ausläufer des Gebirgszuges Nízký Jeseník errichtet wurde. Es handelt sich um die Kirche der Heimsuchung Mariä mit der Prämonstratenser Residenz und dem weitläufigem Kreuzgang mit der Kapelle der hl. Anna. Der Komplex wurde an der Stelle einer älteren Kapelle an der Wende des 17. und 18. Jahrhunderts erbaut. Die reiche, doch einfühlig ausgewogene Ausschmückung des Interieurs der Kirche, 1739 beendet, ist das Werk einer Reihe von Barockkünstlern, von denen zumindest B. Fossati, B. Fontana, J. K. Handke und J. Winterhalder zu nennen sind. Die Orgel bauten D. Sieber und A. Richter mit reich verziertem Prospekt von dem Bildhauer J. Sturmer aus Olomouc.

Im Jahr 1655 erklärte der österreichische Kaiser Ferdinand III. Olomouc zur Festungsstadt. Die erste Phase des Festungsbaus betraf die überwiegende Erneuerung der alten städtischen Befestigungsmauern und die Errichtung von Bastionen. Eine wirkliche Bastionfestung wurde jedoch erst nach dem verlorenen Krieg gebaut, in dem Maria Theresia Ober- und Unterschlesien 1741 verlor. Veränderungen in der Militärtechnik und -strategie riefen in den 30er Jahren des 19. Jahrhunderts den Bedarf hervor, das Hauptgewicht der Verteidigung von der eigentlichen Festung auf ein System vorgeschobener kleiner Festungen, sog. Forts, zu verlagern, die fortschreitend rings um die ganze Festung erbaut wurden.

Die Olmützer Festung, die seit Mitte des 17. und bis Beginn der zweiten Hälfte des 19. Jahrhunderts gebaut wurde, verhinderte zwar eine Entfaltung der Stadt im Zeitraum der industriellen Revolution und verzögerte ihre wirtschaftliche und gesellschaftliche Entwicklung, doch auf der anderen Seite blieb der mittelalterliche Stadtkern unversehrt bewahrt. Die recht groben Rekonstruktionen und Zerstörungen mit anschließendem Neubau verletzten vorläufig den historischen und künstlerischen Wert dieses außergewöhnlichen urbanistischen Komplexes nicht.

Das historische Olomouc, das in seiner räumlichen Struktur unikate Äußerungen der monumentalen Architektur, Überreste der Befestigungsanlagen, Bürgerhäuser und Skulpturen enthält, wurde aufgrund seiner außergewöhnlichen kunsthistorischen Qualitäten 1971 zum städtischen Denkmalschutzgebiet erklärt. Es stellt einen der bedeutendsten und best erhaltenen urbanistischen Komplexe in Mähren und nach Prag den zweiten in den böhmischen Ländern dar. In der tausendjährigen Vergangenheit der Stadt widerspiegeln sich die wichtigsten Momente der staatsrechtlichen, geistigen, künstlerischen, militärischen und gesellschaftlichen Entwicklung des Landes und Staates.

Der Denkmalsreichtum und die Fülle historischen ikonographischen Materials in den Archivfonds und Museumssammlungen ermöglichten das Entstehen dieser Publikation. Die Konfrontation des derzeitigen Standes der Stadt, ihrer Teile (Stadtplätze und Straßen) sowie der einzelnen Objekte mit der zeitgenössischen Ikonographie bietet einen interessanten und lehrreichen Spaziergang durch Olomouc.

VERZEICHNIS DER ABBILDUNGEN

1. „Olomouc — die Metropole Mährens", Gesamtansicht von Südwesten aus; 1767, Aquarell
2. Olomouc — Gesamtansicht von Südwesten aus; nach 1720, lavierte Zeichnung
3. Olomouc — Gesamtansicht von Nordosten aus, im Vordergrund rechts das Kloster Hradisko mit Baumallee vom Tor Hradská brána, nach 1724, Stich
4. Olomouc — Gesamtansicht von Südosten aus; 1742, lavierte Zeichnung
5. Olomouc — Gesamtansicht von Südwesten aus, im Vordergrund Säulen von der Stadt bis zur Kreuzquelle; 1835, Aquarell
6. Olomouc — Gesamtansicht von Norden aus; nach 1804, lavierte Zeichnung
7. Olomouc — Gesamtansicht von Westen aus; 1674, Aquarell
8. Olomouc — Gesamtansicht von Nordwesten aus
9. Olomouc — Gesamtansicht von Westen aus; nach 1840, Farblitographie
10. Olomouc — Gesamtansicht von Süden aus
11. Bebauung des östlichen Stadtteils — Předhradí mit Maria-Schnee-Kirche und Wenzelsdom, Blick vom Turm der Mauritiuskirche
12. Die einstige Přemyslidenburg in Olomouc von Norden aus; der Wenzelsdom mit Rundturm und mittelalterlicher Wehranlage, Blick vom Park aus vor dem Dom
13. Gebäude der Kapiteldechantei mit Rundturm von Nordosten aus; Abschluß der Kapelle der hl. Anna und der Kapelle Johannes des Täufers
14. Wenzelsdom mit der Kapelle der hl. Anna. Stirnseite nach dem Turmbrand im Jahr 1804, im Vordergrund eine Prozession der Landbevölkerung in Volkstrachten der Haná
15. Westfront des Wenzelsdoms mit Kapelle der hl. Anna von Westen aus
16. Wenzelsdom, Interieur, Blick in das Kirchenschiff und das durch ein Gitter getrennte Presbyterium
17. Wenzelsdom, Interieur des Presbyteriums, neogotische Fenster aus den 80er Jahren des 19. Jh., ein Werk der Münchner Firma Mayer; auf dem mittleren Fenster übergibt der Bauherr des neogotischen Doms, der Erzbischof von Olomouc, Kardinal F. Fürstenberg, die Kirche ihrem Schutzpatron, dem hl. Wenzel
18. Die Kapiteldechantei von Norden aus; 19. Jh., Litographie

19. Die Kapiteldechantei von Westen aus
20. Die Kapiteldechantei — Gesamtansicht vom Wenzelsplatz aus
21. Kapiteldechantei, der sog. Wappensaal; die Wände sind kassettenartig mit den auf Leinwand aufgemalten Wappen der Kapitelmitglieder ausgekleidet
22. Der Přemyslidenpalast (im weiteren nur romanischer Palast) wurde zum Nationalen Kulturdenkmal erklärt. Eingang zum Objekt; ursprüngliches restauriertes romanisches Fenster (Nr. 1) am Durchgang zwischen dem ursprünglichen Palast und dem Turm des Doms, die Verglasung von J. Jemelka. Das kleine neoromanische Portal stammt aus der Zeit der Regotisierung des Doms
23.—26. Gekoppelte Fenster des romanischen Palastes, Westwand des Durchgangs
    23. Fenster Nr. 3 vor der Restaurierung
    24. Fenster Nr. 1 nach der Restaurierung, zum Platz geöffnet
    25. Fenster Nr. 3 vor der Restaurierung, Detail
    26. Fenster Nr. 3 nach der Restaurierung, Detail das Knopfes, Anlaufs und Fußgesimses der Fensterschlüsse
27. Romanischer Palast, Westwand des Durchgangs mit drei verbundenen Fenstern
28. Romanischer Palast, Nordwand des einstigen großen Saals im 1. Stockwerk, dreiteilige Fenster Nr. 6 und 7
29. Romanischer Palast, Westwand des Durchgangs, verbundenes Fenster Nr. 2; Detail des Knopfes und Anlaufs
30. Romanischer Palast, Nordwand des einstigen kleinen Saales im 1. Stockwerk, Fenster Nr. 5, Zustand nach der Restaurierung
31. Kapelle Johannes des Täufers, angebaut an die Nordwand des Palastes; Interieur nach der Rekonstruktion vor der Installierung der Exposition Přemyslidenpalast
32. Kapelle Johannes des Täufers, östliches Feld des gotischen Gewölbes mit restaurierten Fresken aus dem beginnenden 16. Jh. (hl. Wenzel, Ludmila, Christian, Kordula, Ursula, Katharina, Elisabeth und Barbara)
33. Straßenzug Wurmova ulice, frühere kanonische Residenz, Blick vom Norden, von der Dómská ulice
34. Erzbischöfliche Residenz (Wurmova ulice Nr. 9), Vorderfront, Ansicht von Nordwesten aus, vom Stadtplatz Biskupské náměstí
35. Erzbischöfliche Residenz, großer Saal mit Stuckverzierung im

repräsentativen 1. Stockwerk des westlichen Flügels; die reiche Stuckverzierung stammt aus dem beginnenden 18. Jh; Restaurierung 1977—1978 durchgeführt
36. Erzbischöfliche Residenz, repräsentativer Teil des Objektes; der sog. Thronsaal, in dem am 2. Dezember 1848 der 18jährige Franz Josef I. den österreichischen Thron bestieg (zum Kaiser wurde er in Wien gekrönt); zwischen den Fenstern befindet sich die Gedenktafel zu diesem Ereignis; Durchsicht in die anschließenden Säle
37. Erzbischöfliche Residenz, der sog. goldene Saal mit klassizistischem Kachelofen und vergitterter Öffnung zu einer kleinen privaten Kapelle in der Stärke des Mauerwerks; die Kapelle wurde bei der Restaurierung des Interieurs in den 70er Jahren entdeckt
38. Erzbischöfliche Residenz, der sog. rote Saal mit einem Rokoko-Kachelofen, mit venezianischem Spiegel, Kristallkronleuchtern und steinerner Laibung des Eingangs zur Kapelle in der Stärke des Mauerwerks
39. Erzbischöfliche Residenz, einer der Säle im repräsentativen Teil; die Gestaltung des Interieurs stammt aus den 70er Jahren unseres Jahrhunderts, wo eine aufwendige Restaurierung durchgeführt wurde; Mobiliar, Porzellan und andere historische Gegenstände sind Bestandteil der reichen Sammlungen der Bischöfe und Erzbischöfe von Olomouc
40. Erzbischöfliche Residenz, Schlafgemach; die Gedenktafel erinnert an die Unterzeichnung der sog. Olmützer Punktation im Jahr 1850
41. Erzbischöfliche Residenz, Salon — der nördlichst gelegene Raum des repräsentativen Teils; Rokoko-Kachelofen, auf dem Tisch ausgebreitet das Reisekabinett des erzbischöflichen Sekretärs
42. Erzbischöfliche Residenz, bischöfliche Privatkapelle im 2. Stockwerk; die reiche Stuckverzierung des Gewölbes stammt aus der Wende des 17. und 18. Jahrhunderts
43. Stadtplatz Biskupské náměstí, Vorderfront der Theresianischen Rüstkammer aus den Jahren 1771—1778 und Straßenfront der erzbischöflichen Residenz
44. Einstige kanonische Residenz; Wurmova ulice Nr. 11 (Landesarchiv), Nr. 13 und Křížkovského ulice Nr. 14 und 12 — Objekte der Palacký-Universität nach der Rekonstruktion
45. Objekte der ehemaligen kanonischen Residenz im Straßenzug Křížkovského Nr.12—14 und Wurmova Nr.13

46. Křížkovského ulice, Gesamtansicht vom Stadtplatz náměstí Republiky; rechts die ehemalige kanonische Residenz (heute Kreisarchiv Olomouc), im Hintergrund Objekte der einstigen Kapitelpropstei (Rekorat der Palacký-Universität) und neuzeitliches Gebäude der Philosophischen Fakultät
47. Stadtplatz Náměstí Republiky; ehemaliges Klarissinnenkloster (Heimatkundliches Bezirksmuseum), Theater der Musik, links das Gebäude des einstigen Jesuitenkollegs, im Vordergrund der Tritonen-Brunnen
48. Stadtplatz Náměstí Republiky mit Tritonen-Brunnen, 1890 vom einstigen Fischmarkt hierher übertragen
49. Ehemaliges Karthäuserkloster von Norden aus; an seiner Stelle wurde 1838—1846 das Empiregebäude der Haná-Kasernen erbaut; 1782, Tempera auf Pergament in der Handschrift MATRICVLA SACRA, S. 374, A. Lublinský (OA Olomouc)
50. Infanterie-Kadettenschule von Südwesten aus; heute Haus der Armee (Třída 1. Máje) um 1860, Farblitographie (OA Olomouc)
51. Stadtplatz Náměstí Republiky und Třída 1. Máje, Gebäude des Museums, der Haná-Kaserne, Haus der Armee, und im Hintergrund der Domturm
52. Ehemalige Marienkirche in Předhradí von Südwesten aus; sie stand im östlichen Teil des Stadtplatzes Náměstí Republiky an der Stelle des Gebäudes der Bezirkshauptmannschaft (heute Kreisbibliothek); 19. Jh., anonymes Aquarell nach Minnichs Modell (OA Olomouc)
53. Předhradí mit der ehemaligen Marienkirche, Jesuitenkolleg und Maria-Schnee-Kirche, nach 1724, Stich von M. Engelbrecht nach einer Zeichnung von F. B. Werner (OA Olomouc)
54. Maria-Schnee-Kirche, Vorderfront von Norden aus
55. Maria-Schnee-Kirche, Orgel aus dem Jahr 1726 mit reich stuckverziertem Chor
56. Maria-Schnee-Kirche, barocke Sakristei mit Stuckverzierung des Gewölbes und Intarsienmobiliar
57. Maria-Schnee-Kirche mit dem 1786 abgerissenen Neuen Tor; Spitze des Umzugs von Kardinal Troyer; um 1780, Öl auf Leinwand, Schloß Kroměříž
58. Straßenzug Denisova ulice mit Maria-Schnee-Kirche, Ansicht vom Laubengang in der Ostružnická ulice

59. Artillerieschule von Südwesten aus in der ulice Božího Těla (Univerzitní), ursprünglich Gebäude des Jesuitenkonvikts, um 1860, Farblitographie (OA Olomouc)
60. Ehemaliges Jesuitenkolleg, Barockgiebel mit Stuckverzierung des Ostflügels, Blick von Osten aus, von der Parkanlage Bezručovy sady
61. Kapelle des hl. Johann Sarkander an der Ecke der Straßenzüge ulice Univerzitní und Mahlerova; Barockkapelle aus dem Anfang des 18. Jh., Erzbischof F. Bauer ließ sie von 1909—1912 nach einem Entwurf von E. Sochor umbauen; die Kapelle stand ursprünglich an der Stelle des Stadtkerkers, in dem 1620 der Pfarrer aus Holešov, Johann Sarkander, an den Folgen der Verhöre unter Anwendung des Femgerichts durch die protestantische Partei verstarb
62. Stadtplatz Horní náměstí (Oberer Ring) mit Provinzapotheke und ehemaligem Grundparzellenamt (1931, K. Madlmayr), Michaelskirche und im Hintergrund die Maria-Schnee-Kirche, Blick vom Rathausturm aus
63. Michaelskirche, Blick von Nordwesten aus
64. Michaelskirche, Blick in die Kuppel
65. Michalská ulice, Blick von Osten vom Žerotínovo náměstí
66. Stadtplatz Žerotínovo náměstí, Michaelskirche mit ehemaligem Dominikanerkloster, das 1835—1841 für den Bedarf des Priesterseminars umgebaut wurde
67. Straßenzug Školní ulice; etwa 1814, Farbzeichnung von E. Pendl (Galerie Olomouc)
68. Školní ulice mit Rathausturm, links das rekonstruierte Haus des Kreiszentrums für staatliche Denkmalpflege und Naturschutz in Olomouc, Blick vom Stadtplatz Žerotínovo náměstí, wo an der Wende der 50er und 60er Jahre eine umfassende Blockrekonstruktion der Häuser durchgeführt wurde
69. Školní ulice mit typischen Schwibbögen, Blick zum Rathaus
70. Panská ulice, Blick von Žerotínovo náměstí zum Dolní náměstí
71. Dolní náměstí (Unterer Ring), Blick von Norden, vom Rathausturm aus
72. Dolní náměstí (Unterer Ring), westliche Häuserfront mit Haunschild-Palast
73. Unterer Ring (Dolní náměstí) von Nordwesten aus; nach 1724, Stich von M. Engelbrecht nach einer Zeichnung von F. B. Werner (OA Olomouc)

74. Unterer Ring (Dolní náměstí) von Nordwesten aus; 1860, lavierte Federzeichnung von L. E. Petrovits (OA Olomouc)
75. Stadtplatz Dolní náměstí, östliche Häuserfront und Marien-Pestsäule aus dem Jahr 1723, Blick von Lafayettova ulice
76. Jupiter-Brunnen auf dem Dolní náměstí
77. Haunschild-Palast and der Ecke Dolní náměstí und ulice Lafayettova, Renaissance-Fassadenschmuck, dominierend der Eckerker und das Steinportal
78. Haunschild-Palast, Detail des Eckerkers, verziert mit Reliefs, die Szenen aus Ovidius Metamorphosen (Verwandlungen) nach Vorlagen von V. Solis darstellen
79. Neptun-Brunnen auf dem Dolní náměstí, die Gestalt des Meeresgottes schuf M. Mandík im Jahr 1683
80. Horní náměstí (Oberer Ring) mit Statuengruppe der Allerheiligsten Dreifaltigkeit und westliche Häuserfront, Blick vom Rathausturm aus
81. Oberer Ring (Horní náměstí) mit dem Rathausgebäude von Westen aus nach 1724, Stich von M. Engelbrecht nach einer Zeichnung von F. B. Werner (OA Olomouc)
82. Rathaus, Nordfront mit Turm und astronomischer Kunstuhr auf Troyers Bild Einfahrt nach Olomouc, Detail; um 1780, Öl auf Leinwand (Schloß Kroměříž)
83. Horní náměstí mit Rathaus und Dreifaltigkeits-Säule, Blick von Osten aus
84. Horní náměstí, Blick auf die nordwestliche Rathausecke, im Vordergrund die untere Partie der Dreifaltigkeits-Statuengruppe
85. Oberer Ring, Blick auf das Rathaus von Südwesten aus mit dem Denkmal Kaiser Franz Josefs I. aus dem Jahr 1896; 1919 wurde es beseitigt; Ansichtskarte (VM Olomouc)
86. Horní náměstí, Westfront mit Haupteingang in das Objekt, Blick vom Straßenzug Pavelčákova ulice aus
87. Rathaus, Westfront, Detail der Wappen im Treppenhaus
88. Astronomische Kunstuhr am Rathaus, Barockgestaltung mit Wandmalereien von J. K. Handke; 1805, Aquarell von J. V. Fischer (OA Olomouc)
89. Astronomische Kunstuhr nach neogotischer Umgestaltung, 1898 beendet, Ansichtskarte (VM Olomouc)
90. Derzeitiger Stand der Kunstuhr nach ihrer 1955 durchgeführten

Rekonstruktion, Mosaik vom Nationalkünstler K. Svolinský
91. Rathaus, Renaissance-Treppenhaus mit Loggia, an der Brüstung des Treppenaufgangs Wappen: das kaiserliche, das von Ungarn, Böhmen, Niederösterreich, Mähren, Schlesien und Olomouc; 1591, Autor H. Jost, Steinmetz aus Olomouc
92. Rathaus, Arbeitszimmer des Vorsitzenden des Stadtnationalausschusses von Olomouc; neogotische Ausgestaltung mit Wandverkleidung und Kassettendecke aus dem Anfang unseres Jahrhunderts; Bestandteil des Mobiliars ist ein Bild von L. E. Petrovits aus dem Jahr 1895 — Olomouc von Westen aus mit Überresten der Wehranlagen, Öl auf Leinwand
93. Oberer Ring (Horní náměstí) mit der Dreifaltigkeits-Säule und westlicher Häuserfront auf dem Stadtplatz, Troyers Bild Einfahrt nach Olomouc; um 1780, Öl auf Leinwand, Detail (Schloß Kroměříž)
94. Horní náměstí mit Dreifaltigkeits-Säule, ein Lebenswerk des Steinmetzen V. Render aus Olomouc, das von seinen Mitarbeitern 1754 beendet wurde, und die westliche Häuserfront, Švédská ulice mit typischen Schwibbögen, Petráš-Palast, Barockhaus „Zum grünen Baum" und neues Gebäude der Post aus dem Jahr 1912
95. Horní náměstí, in der westlichen Bebauungsfront das Gebäude des Möhrischentheaters und das ehemalige Hotel Lauer, ein Neorenaissance-Objekt aus dem Jahr 1872
96. Dreifaltigkeits-Statuengruppe, Detail der reichen Bildhauerausschmückung des unteren Teils
97. Herkules-Brunnen auf dem Horní náměstí, ein Werk des Bildhauers M. Mandík aus den Jahren 1678—1679
98. Horní náměstí, nördliche Bebauungsfront mit dem wertvollsten Palast, den der reiche Kaufmann V. Edelmann Ende des 16. Jh. im Renaissance-Stil erbauen ließ
99. Oberer Ring mit Rathaus und Cäsar-Brunnen von Nordwesten aus; 1853, Farblitographie nach F. Kalivoda (Galerie Olomouc)
100. Horní náměstí, Ostfront des Rathauses mit Renaissance-Loggia und Cäsar-Brunnen
101. Horní náměstí, östliche Bebauungsfront, Provinzapotheke mit klassizistisch gestalteter Fassade aus dem Jahr 1818 und Eingriffen aus den 30er Jahren unseres Jahrhunderts (K. Madlmayr), seit 1571 befindet sich hier die Apotheke, in dem Haus kam der Bischof von Olomouc, Marek Khuen, zur Welt; der Apotheke benachbart ist das

Gebäude des einstigen Grundparzellenamtes aus dem Jahr 1931
(K. Madlmayr)
102. Straßenzug Ostružnická ulice und Fischmarkt mit Tritonen-Brunnen auf dem Bild von Troyers Einfahrt nach Olomouc; um 1780, Öl auf Leinwand Detail (Schloß Kroměříž)
103. Mauritiuskirche von Süden vom Rathausturm aus; auf der linken Seite Spitze des Prior-Gebäudes, im Vordergrund Häuser der nördlichen Bebauungsfront des Stadtplatzes Náměstí Míru
104. Mauritiuskirche von Nordwesten aus; 1677, Tempera auf Pergament in der Handschrift MATRICVLA SACRA, S. 164, A. Lublinský (OA Olomouc)
105. Straßenzug Ulice 8. května (Česká) mit der Mauritiuskirche, im Vordergrund das neuzeitliche Gebäude des Kaufhauses Prior, Blick vom Stadtplatz Náměstí Národních hrdinů aus
106. Mauritiuskirche von Nordosten aus; 19. Jh., Litographie mit Farbaufdruck (VM Olomouc)
107. Maritiuskirche, Blick von Nordosten auf das Presbyterium und die Nordfront mit Eckturm an der Vorderseite
108. Maritiuskirche, Gesamtansicht des Mittelschiffs und Presbyteriums mit Flügel-Hochaltar aus dem 19. Jh.
109. Mauritiuskirche, Englerorgel auf dem Chor
110. Mauritiuskirche von Südwesten aus, auf der linken Seite die Mauritiuskaserne; 1854, Aquarell (VM Olomouc)
111. Mauritiuskirche, Westfront mit den beiden charakteristischen Türmen
112. Merkur-Brunnen, wahrscheinlich das beste Bildhauerwerk des sechs Brunnen von Olomouc, 1727 von F. Sattler
113. Národní dům an der Ecke der Straßenzüge ulice 8. května und Slovenská, das Neuorenaissance-Gebäude baute von 1886—1887 der Baumeister K. Starý d. früheres Zentrum des tschechischen Kulturlebens in Olomouc
114. Kirche der Unbefleckten Empfängnis der hl. Jungfrau Maria, Blick von Osten aus auf das Presbyterium und die jüngere Loreto-Kapelle
115. Náměstí Národních hrdinů, anstelle des abgerissenen Litovel-Ausfalltors, links das Gabäude der Poliklinik, erbaut von 1925—1927 als Krankenversicherungsanstalt; der Straßenzug 8. května (Česká) erschließt die Durchsicht zur Mauritiuskirche, auf der linken Seite mündet die Riegrova (Litovelská) ulice, zwischen den Straßen das Jugendstilgebäude des Edison-Kinos aus dem Jahr 1913

116. Straßenzug Vodární ulice von Süden aus; 1895, Aquarell von L. E. Petrovits (OA Olomouc)
117. Třída Svobody, Gebäude der Konsumgenossenschaft Jednota, erbaut in den 70er Jahren am Rand des historischen Stadtkerns
118. Třída Josefa z Englů (tř. Svobody) und Justizpalast (Kreisgericht, Staatsanwaltschaft und Gefängnis) 1902 an Stelle der abgerissenen barocken Wehranlagen erbaut; Anfang des 20. Jh, Ansichtskarte (VM Olomouc)
119. Třída Svobody von Süden aus, Gebäude des Kreisgerichts, der Bank und die einstige evangelische Kirche auch „Rote Kirche" genannt
120. Třída Josefa z Englů (tř. Svobody) mit Mühlenrinne, die nach dem zweiten Weltkrieg aufgehoben wurde; Beginn des 20. Jh. Ansichtskarte (VM Olomouc)
121. Theresientor von Süden aus, 1986, Aquarell, Architekt R. Dammer (OA Olomouc)
122. Theresientor, Bestandteil der barocken Bastionbefestigung, 1752 erbaut; dank dem Verdienst von C. Sitte erhalten geblieben als Relikt der Wehranlagen
123. Jüdische Synagoge, fertiggebaut 1897; 1939 von den Faschisten in Brand gesteckt und dem Erdboden gleichgemacht; um 1900, Ansichtskarte (VM Olomouc)
124. Theresientor und Synagoge, um 1900, Ansichtskarte (VM Olomouc)
125. Palachovo nám. mit Theresientor
126. Gesamtansicht der Stadt von Südwesten aus mit Resten der Wehranlagen im Abschnitt der heutigen tř. Svobody; 1895, Öl auf Leinwand von L. E. Petrovits (im Rathaus)
127. Plan der Olmützer Festung vom Jahr 1686 (OA Olomouc)
128. Mittelalterliche Stadtbefestigungsmauern im Abschnitt von dem sog. Henkerhaus zum einstigen Blasiustor. Die Parkanlage Bezručovy sady wurde schon in den 30er Jahren des 19. Jh. angelegt
129. Parkanlage Bezručovy sady, mittelalterliche Befestigungsmauern, in den 70er Jahren unseres Jahrhunderts rekonstruiert, im Abschnitt vom sog. Henkerhaus zum Michaelsausfalltor
130. Parkanlage Bezručovy sady, mittelalterliche Stadtbefestigungsanlagen im Abschnitt Michaelsberg
131. Das Michalsausfalltor von Nordosten aus; nach 1890, Aquarell von L. E. Petrovits (VM Olomouc)

132. Olmützer Festung, Wehranlagen und Pulverkammer an der Ostseite der Stadt; 1895, Aquarell von L. E. Petrovits (VM Olomouc)
133. Plan der Frontfestung; Mitte des 19. Jh. (OA Olomouc)
134. Die Parkanlage Smetanovy sady stellt den Hauptpark von Olomouc dar. Die Grundlage bildete die Rudolfsallee aus dem Jahr 1820 mit mehr als 700 m Länge; die Ausstellungsorganisation Flóra Olomouc (1966) veranstaltet hier regelmäßig internationale Blumenausstellungen
135. Erzbischöfliche Residenz von Osten aus, Ausritt Kaiser Franz Josefs I., Abschnitt der Brücken über die mährischen Flüsse vor dem Tor Hradská brána; nach 1848, Farblitographie von F. Kalivoda (VM Olomouc)
136. Nádražní třída (Masarykova tř.), Blick von Osten aus (vom Bahnhof stadtwärts); nach 1900, Ansichtskarte (VM Olomouc)
137. Hauptbahnhof in Olomouc, die erste Bahnhofshalle wurde um 1840 erbaut. Eintreffen des ersten Zuges von Přerov nach Olomouc am 17. Oktober 1841; Litographie (OA Olomouc)
138. Gebäude des Hauptbahnhofs, um 1880 erbaut, die heutige Gestalt stammt aus den Jahren 1936—1938
139. Olomouc — Gesamtansicht von Osten aus, Anfang des 19. Jh., Farbstich (Galerie Olomouc)
140. Kloster Hradisko von Süden aus; 1791, Tempera auf Pergament in der Handschrift MATRICVLA SACRA, s. 329, A. Lublinský (OA Olomouc)
141. Kloster Hradisko, Gesamtansicht des barocken Klosterkomplexes; im Vordergrund der Fluß Morava
142. Kloster Hradisko, südliche Front mit Haupteingang
143. Kloster Hradisko von Nordosten aus; nach 1724, Stich von M. Engelbrecht nach einer Zeichnung von F. B. Werner (OA Olomouc)
144. Kloster Hradisko, Stephanskirche, angeschlossen an den Ostflügel des Komplexes
145. Olomouc — Gesamtansicht von Südwesten aus; 1781, Tempera auf Pergament in der Handschrift MATRICVLA SACRA, s. 212, A. Lublinský (OA Olomouc)
146. Olomouc — Gesamtansicht von Westen aus mit Svatý Kopeček; nach 1804, kolorierter Kupferstich (KVM Olomouc)
147. Svatý Kopeček, Wallfahrtskirche Mariä Heimsuchung mit ehemaliger Prämonstatenser Rezidenz, im Vordergrund eine Feldkapelle

148. Svatý Kopeček, Wallfahrtskirche Mariä Heimsuchung, Blick zum Hauptaltar
149. Svatý Kopeček, Wallfahrtskirche Mariä Heimsuchung, Barockorgel von D. Sieber und A. Richter aus dem beginnenden 18. Jh., reiche Stuckverzierung von B. Fontana
150. Svatý Kopeček, Kreuzgang der Wallfahrskirche mit der Kapelle der hl. Anna
151. Svatý Kopeček, Statuengruppe des hl. Norbert auf dem Hof des Kreuzgangs der Wallfahrtskirche, im Hintergrund die Kapelle der hl. Anna
152. Svatý Kopeček, Westfront der Wallfahrtskirche Mariä Heimsuchung

Fotografie auf dem Umschlag: Olomouc — Gesamtansicht von Westen aus; 1895, Öl von L. E. Petrovits

SCHWARZ-WEISS-AUFNAHMEN IN TEXT

1. Olomouc — Gesamtansicht von Norden aus; nach 1724, Stich von M. Engelbrecht nach einer Zeichnung von F. B. Werner
2. Olomouc — Gesamtansicht von Osten aus, 1842, Stahlstich
3. Plan der Olmützer Bastionfestung aus dem Jahr 1781 ohne Einzeichnung der Stadtbebauung; rechts das Kloster Hradisko mit Allee vom Tor Hradská brána
4. Olomouc — Gesamtansicht vom Südosten aus; 16.—17. Jh., Stich eines unbekannten Zyklus; die Vedoute entspricht nur wenig der Realität
5. Olomouc — Gesamtansicht von Süden aus; 1627, Stich auf der Karte Mährens von J. A. Komenský
6. Kloster Hradisko von Nordosten aus; nach 1724, Stich von M. Engelbrecht nach einer Zeichnung von F. B. Werner
7. Kloster Hradisko von Süden aus; 1751, Stich von Josef und Jan Klauber nach einer Zeichnung von J. Hoffmann zum 600. Jahrestag des Eintreffens der Prämonstratenser
8. Kapiteldechantei von Nordwesten aus; nach 1890, lavierte Federzeichnung von L. E. Petrovits
9. Neogotische Umgestaltung des Wenzelsdoms, 1887, Fotografie
10. Neogotische Umgestaltung des Wenzeldoms, Bau des Südturms; 1886, Fotografie
11. Olomouc — Gesamtansicht von Südosten aus; 1593, Holzschnitt von J. Willenberger
12. Romanischer Wenzelsdom mit Kapitel und Bischofspalast, Rekonstruktion M. Pojsl, Zeichnung B. Bistřická
13. Das erste Stockwerk des romanischen Bischofpalastes, Rekonstruktion M. Pojsl, Zeichnung B. Bistřická
14. Östliche Bebauung von Předhradí mit Objekten der kanonischen Häuser und der erzbischöflichen Residenz, rechts das Tor Hradská brána; vor 1876, Fotografie
15. Předhradí von Osten aus, 1676, Stich
16. Ehemalige Marienkirche in Předhradí von Südwesten aus, 19. Jh., Litographie nach Minnichs Modell
17. Stadtplatz Náměstí Republiky mit Gebäude der früheren Bezirkshauptmannschaft (Kreisbibliothek) und dem neuen Postgebäude, nach 1885, Fotografie von S. Wasservogel
18. Rathaus mit Militärwache und Dreifaltigkeits-Säule von Nordwesten aus, Mitte des 19. Jh., Litographie

19. Rathaus mit Cäsar-Brunnen auf dem Oberen Ring (Horní náměstí) von Südosten aus; 1853, Farblitographie
20. Rathaus mit Militärwache
21. Straßenzug Česká ulice (8. května) mit Mauritiuskirche von Westen aus, Objekte an der Stelle des heutigen Kaufhauses Prior, 3. Drittel des 19. Jh., Fotografie
22. Rathaus auf dem Oberen Ring (Horní náměstí) von Westen aus; nach 1890, Aquarell von L. E. Petrovits
23. Olomouc — Gesamtansicht vom Südwesten, in der Mitte die Michaelskirche, 19. Jh., Stahlstich
24. Kasematten vor dem Kloster und der Kirche der hl. Katharina von Süden aus, (von der Stelle der heutigen Markthalle), 3. Drittel des 19. Jh., Fotografie
25. Ehemaliges Katharinentor, abgerissen 1878, 3. Drittel des 19. Jh., Fotografie
26. Belagerung Belgrads, Wandzeichnung in der Kirche Unbefleckte Empfängnis der hl. Jungfrau Maria, Stand nach der Restaurierung
27. Blažejské náměstí, in dessen Mitte die Blasiuskirche stand, die 1840 abgerissen wurde, Ansicht von Südwesten aus; 19. Jh., Bleistiftzeichnung
28. Edelmann-Palast vor der Restaurierung der Frontseite, Oberer Ring, 1865, Fotografie
29. Barockkapelle des hl. Johann Sarkander nach Umgestaltung im Jahr 1860; 3. Drittel des 19. Jh., Fotografie
30. Theresientor von Süden aus; nach 1880, lavierte Zeichnung von C. Sitte
31. Oberer Ring westliche Bebauungsfront: ehemaliges Hotel Lauer, Haus Nr. 24, Straßenzug Švédská ulice mit Schwibbögen, Petráš-Palast, Haus „Zum grünen Baum", ehemaliger Gasthof Goliath; 1912 wurde an seiner Stelle das Jugendstilobjekt für die Unionbank gebaut, heute Post; Wende des 19. und 20. Jh., Fotografie
32. Unterer Ring mit Mariensäule von Süden aus; um 1900, Fotografie
33. Statuengruppe mit Dreifaltigkeitssäule von Süden aus, vor 1885, Fotografie
34. Haus Kat. — Nr. 316 an der Ecke der Straßenzüge ulice Ztracená, Ostružnická und Horní Pekařská (Denisova) auf dem ehemaligen Fischmarkt — ein Beispiel für die Wandlungen eines einzigen Objektes in Verlauf der letzten 100 Jahre; das Haus wurde 1892 abgerissen; Fotografie

35. Neubau — Dr. Kubický-Haus aus dem Jahr 1893; Reproduktion aus der Presse
36. Derzeitiger Stand des gleichen Objektes
37. Oberer Ring mit Kreuzquelle und Dreifaltigkeitssäule; in der westlichen Bebauungsfront — Objekt des Theaters mit klassizistischer Fassade, Hote Lauer desgleichen; 3. Drittel des 19. Jh., Fotografie
38. Olomouc — Gesamtansicht von Südwesten vom Hügel Tabulový vrch aus; die Säulen am Weg zur Michaelskirche übertragen; um 1840, Litographie
39. Plan der Olmützer Festung mit Einzeichnung der inneren Bebauung der Stadt (Straßen, Stadtplätze mit Häuserblocks), in der westlichen Verteidigungslinie die Minengänge eingezeichnet; Wende des 18. und 19. Jh.
40. Olmützer Festung, Wehranlagen beim Litovel-Ausfalltor; nach 1890, lavierte Zeichnung von L. E. Petrovits
41. Olmützer Festung, Befestigungsanlagen der Westlinie; nach 1890, lavierte Federzeichnung von L. E. Petrovits
42. Tor Hradská brána mit Vorfeld, Blick von der Stelle des heutigen Palác-Hotels aus; Fotografie
43. Das Michaelsausfalltor mündet heute in die Parkanlage Bezručovy sady; nach 1890, lavierte Federzeichnug von L. E. Petrovits
44. Franzenstor an der Stelle des heutigen Straßenzugs Koželužská ulice; Fotografie
45. Olomouc — Gesamtansicht der von preußischen Heerscharen belagerten Stadt; 1758, Stich von J. M. Wille
46. Blick auf die von preußischen Heerscharen belagerte Stadt; 1758, Stich
47. Wasserkasematten bei der Straßenmündung Dolní ulice (Lafayettova); nach dem Abreißen Raum der třída Svobody; 3. Drittel des 19. Jh., Fotografie
48. Vodní ulice, die Objekte links wurden abgerissen, heute Raum der třída Svobody; 3. Drittel des 19. Jh., Fotografie
49. Gebäude des Hauptbahnhofs von Olomouc; nach 1900, Fotografie
50. Stadtplatz Palachovo náměstí; 40er Jahre des 20. Jh., Fotografie

TOWN RESERVE OF OLOMOUC IN THE CHANGING CENTURIES

Olomouc ranks among our most ancient and significant towns, compatible both in importance and historical development only with Prague, the capital of Czechoslovak state. The beginnings of both the Czech Prague and Moravian Olomouc reach as far back as the Great Moravian Empire, when our nations were laying down the foundations of their common culture and learning. But it was only in the following centuries that the role of both Prague and Olomouc was being formed in the early Přemyslid state's administration. In the early 11th century, after joining Moravia to Bohemia, Prince Břetislav built a Přemyslid hill-fort in the old Slavonic town of Olomouc, which became a seat of the side-branch of the Přemyslid dynasty for half a century. Olomouc gained a priority in the new system of castles and forts, as well as among the Přemyslid domains of Brno and Znojmo. In 1063, a bishopric whose authority embraced the whole of Moravia was established in Olomouc, soon after the bishopric in Prague (973). So that, since then Olomouc, the same as Prague, became the seat of not only secular, but also canonical administration, with all the implied political, economic, and cultural consequences.

Concerning the present town of Olomouc, the original hill-fort site finds itself at the eastern side of the so called Olomouc Hill. Here also the oldest Olomouc church, St. Peter's, stood, which later became a bishopric sanctuary. Its original Romanesque appearance was lost under several later reconstructions, and finally the church was abolished and pulled down as a result of Emperor Joseph's reforms in the late 18th century. It stood on the site of the present Philosophical Faculty in the Křížkovského Street.

The loss of the original castle church in favour of the bishopric probably lead the Přemyslids to the construction of a new castle of Olomouc at the opposite guarding rock. In the early 12th century, it was Prince Svatopluk who laid the foundations to the St. Wenceslas' church, separate from the more narrowly defined princely palace and courtyard. This nave-and-two-aisles basilica was neither finished by its founder's son, Prince Wenceslas who shortly before his death entrusted its completion to Bishop Jindřich (Henry) Zdík. The bishop consecrated the church in 1131, finished its construction, and had the Bishopric See brought to it from St. Peter's church in 1141.

And it was also Bishop Zdík who had a building erected in northern neighbourhood of the new cathedral, to house both the Chapter and serve as well as a stately Bishop's Palace. Thus, before half of the 12th century, an interesting cluster of Romanesque ecclesiastical buildings came into being, referred to in period sources as the "St. Wenceslas' Monastery" (Münster in the German language).

The Romanesque Bishop's Palace lost its representative and residential function in the 13th century, when, under bishop Robert (1201—1240), it was turned into a cathedral school. The building perished during a grand Gothic reconstruction of the cathedral in the 14th century, a new cloister of the Chapter being built in its stead. Only two peripheral walls of the original palace, with beautifully decorated Romanesque windows on the second floor, have survived.

In 1867, the walls were discovered just incidentally by K. Biefel. In 1962, the remains were declared a National Cultural Monument, and an extensive, complex reconstruction of this outstanding Romanesque torso was launched. Since 1988, when the reconstruction was finished, the monument is accessible to the public.

The St. Wenceslas' Cathedral underwent many an architectural transformation throughout several centuries. In 1883—1892, the Archbishop of Olomouc, Cardinal Bedřich (Frederic) of Fürstenberk, had it rebuilt in Neo-Gothic style, and enlarged by an additional structure of the south tower, and north choir chapel.

In 1200, when the Olomouc branch of the Přemyslid dynasty had died out, the princely palace ceased to exist, and a new construction was commenced on its site. First came the house of the Dean of the Chapter. In it, the last male descendant of the ruling Czech Přemyslid dynasty, Wenceslas III, was murdered while on the Polish campaign on August 4, 1306. In the 16th century, also the Burgrave's House of the Olomouc Castle perished. It used to stand near the round tower preserved in baroque shape together with the St. Barbara's chapel. The Dean of the Chapter's stately residence was built on the site at the turn of the 17th and 18th centuries. Today, the building serves the purposes of the Olomouc University.

When the glory of the Olomouc Castle was already fading away, a medieval town was coming into being at the castle's foot, out of the original settlements of craftsmen and merchants, to become a true centre of crafts and trade, the most important in Moravia, thanks also to its advantageous geographical position. This process of integration of the originally independent settlements into a single town was completed shortly before half of the 13th century. Among other things, it is the existence of monasteries of the mendicant orders in the locality at that time, which testifies to this early origination of a town. Then came the Minorite (Franciscan) monasteries' turn in the thirties of the 13th century, which were followed by Dominican monasteries only somewhat later. The gothic Dominican monastery originated in the neighbourhood of the older St. Michael's church at the highest site of the Olomouc Hill. The original monasterial cloister with the St. Alexis' chapel has survived from the 14th century, while the St. Michael's church with adjacent monastery was rebuilt by the Dominicans in the baroque style.

The Minorite monastery with St. Francis' church built in front of the Castle was given to the Jesuits in the 16th century. In its stead, they built an extensive complex consisting of a college, the monastery, and university buildings clustered around the baroque church of Our Lady of the Snows. This remarkable church was built in 1712—1719. Especially its marvelously decorated interior ranks it among the most significant sacral baroque constructions in Olomouc. After the Jesuit Order was abolished, the church was used by the municipal military garrison.

A great many monasteries in Olomouc, as well as several churches (St. Peter's, Our Lady before the Castle, St. Blasius' on the square of the same name), hospitals, and chapels were abolished by Joseph II the Habsburg and pulled down at the turn of the 18th and 19th centuries. This meant a major and dramatic encroachment upon the medieval urbanistic design of the town, resulting in considerable reduction of both Gothic and baroque construction in Olomouc, including the numerous splendid works of art which used to decorate the interiors.

Certainly, the most important building of any medieval city was the town hall. In 1378, the burghers of Olomouc obtained the permission to build a town hall and a merchant house, or market-place, from the Margrave of Moravia, whose name was Jošt. The groundplan of the building too suggests its double function. The eastern two-floor part with the tower was the town hall itself, whereas the adjacent two buildings enclosing an oblong courtyard between them, from where the numerous small merchant's shops could be entered, constituted the marketplace. There are many remarkable artistic elements of the town hall structure, such as e.g. the Late Gothic St. Hieronym's chapel with an oriel on its southern façade. The Olomouc horologue on the town hall tower stems from the 15th century. However, it undewent a number of architectural and artistic modifications. Its baroque shape from the 18th century was later trimmed by a Neo-Gothic restoration at the turn of the 19th and 20th centuries. National Artist Karel Svolinský is responsible for the horologue's current looks. The most important modification done in the period of Renaissance was the two-arm staircase leading to the main entrance, with a richly decorated loggia on the second floor at the east side.

Among the many sacral buildings in Olomouc, the main parish church of St. Maurice is especially remarkable. Its nave and two aisles form a mighty hall with three closures of the presbytery, arched with cross and reticulated vault. It belongs to the best of Gothic architecture in Moravia. Two square towers adhere to the church's western front. The southern, unplastered tower, is the oldest part of the structure. The rather complicated and several times interrupted construction of the church was brought to completion about 1540. After the fire in 1709, the church was re-furnished with several baroque altars. In 1745, the organ-builder M. Engler from Wroclaw completed in the church a masterpiece which is a jewel among our organ instruments. Thanks to its reconstruction and enlargement in the sixties of our century, the organ became also the country's largest. The winged main altar, the pulpit, and the window-panes were restored during the Gothic Revival in the late 19th century.

In the nearby Late Gothic monasterial church of the Immaculate Conception of Virgin Mary, yet unknown frescoes were recently discovered during reconstruction of its interior. Culturally and historically, the most significant of them is the large fresco on the presbytery's northern wall. It is a monumental black brush drawing on a lime plaster, depicting the battle of Belgrade on July 22, 1456. In the besieged city, the struggle against the Turks was lead by Jan Hunyady, father of the future Hungarian King Matthias Corvinus. However, a legend originating immediately after the happening has it that another man, Jan Kapistrán, holds the merit for the then Christian victory. Both the leaders are shown in the fresco, as they have a significant bearing on the church: Jan Kapistrán was the founder of local Bernardine monastery, and King Matthias attended the church's consecration in 1468.

The prestige and popularity of Olomouc reached its climax during the Age of Humanism and Renaissance. Great many Renaissance houses were built in the town for rich burghers (Edelmann, Haunschild), and aristrocracy. In 1573 our second oldest university was founded in Olomouc by Jesuits invited to the town by the Bishop of Olomouc, Vilém Prusinovský. The university flourished especially during the 18th century. After intricate turns of fortune, it was finally abolished in 1860, to be re-opened only after World War II, in 1946, when it received the name of Palacký University.

Despite the fact that in the 17th century Olomouc ceased to be the seat of provincial authorities and suffered from the quite catastrophic aftermath of Swedish occupation at the end of the Thirty Years' War, its architectural and artistic development went on with much success. On the ruins of past glory, new baroque buildings were raised, to become the determining feature of the town's historical core until our times. New palaces, residences of church dignitaries, and burgher's houses were rapidly filling the sites of demolished and burnt down buildings. In the 18th century, several palaces were either built or adapted on the Upper Square, such as the Salm's, Petráš's, Dietrichštejn's Palace, and others. In the neighbourhood of the Olomouc Castle, separate from the canons' residence, the Bishop's Palace was built to become with its 85 m of street facade the largest construction of its kind in Olomouc. Its builder, Bishop of Olomouc Karel II of Lichtenštejn founded a vast collection of works of art (mainly paintings and graphics), housed in the palace.

Recently, a restoration of the palace's representative section was done, i. e. of the rooms on the second floor of the building's western wing facing the street. The so called Throne Hall (Presence Chamber) witnessed the ascension to the throne of the 18 years old Franz Joseph II the Habsburg, after the abdication of Emperor Ferdinand V. Two years later, the agreement between Austria and Prussia, so called Points of Olomouc, was achieved in another room of the residence.

In the first half of the 18th century, both the main market-places of Olomouc received monumental baroque sculptures: on the Dolní rynk (Lower Ring), it was the plague Marian column by local sculptor and stonecutter V. Render, completed in 1723; a large group of statues of the Holy Trinity column was accomplished in 1716—1754, and placed on the Horní náměstí (Upper Ring). V. Render began this second work at his own cost. However, it was finished only after his death by stonecutters and sculptors of his workshop. The account of Olomouc baroque sculpture would be incomplete without mentioning the unique set of six fountains, the total value of which compensates for the uneven quality of the individual sculptural works. The whole set displays a sensitive response to its environment. The two oldest fountains, Hercules' (1678—79) on the Upper Ring, and Neptune's (1863) on the Lower Ring, were accomplished by M. Mandík. Jupiter's fountain from 1735 is a counterpart to the Neptune's. In 1709, the Tritons' fountain was erected on the now non-existent Fish Market. In 1890, it was placed on the current Square of the Republic. The Caesar's fountain from 1725 finds itself opposite the town hall's east front. Ceasar was considered by the Humanists of Olomouc to be the legendary founder of their town. The best of the whole set is the Mercury's fountain accomplished by F. Sattler in 1727, and placed in the 8th May Street opposite the National House.

In the 11th century, the Hradisko monastery originated north-east of Olomouc, in the town's vicinity. Its original Romanesque design gradually disappeared in the course of centuries, whenever fire or wartime disaster created opportunity for a reconstruction. The monastery's current shape (since 1802 a military hospital) dates back to the turn of the 17th and 18th centuries. The construction of the whole Premonstratensian complex was finalized in 1736. The monasterial building consists of four mighty wings of a square groundplan, with polygonal towers in the corners. The inner courtyard is crossed with a transversal convent church, the main tower, and the former library. The church of St. Stephen from 1726—1731 adheres to the monastery's eastern wing. The monumental baroque architecture is complemented by a suitable decoration of the interior: frescoes and stucco work.

Yet another outstanding building belongs to the baroque architecture of Olomouc. East of the town, at the foot of the Nízký Jeseník mountain range, a pilgrimage church stands of the Visitation of Our Lady, together with a Premonstratensian residence, and a large cloister with St. Anne's chapel. The whole complex was built on the site of an older chapel at the turn of the 17th and 18th centuries. The church's richly decorated interior displays a sensitive balance, thanks to the efforts of numerous baroque artists, such as B. Fossati, B. Fontana, J. K. Handke, J. Winterhalder, to name but a few. The organ was built by masters D. Sieber and A. Richter, decoration of its front was accomplished by sculptor J. Sturmer of Olomouc.

In 1655, the Austrian Emperor Ferdinand III declared Olomouc a stronghold town. As a result, a new construction was commenced, in the first stage of which the old town wall was renovated and new bastions were built. But, the fortifications were completed only after a war in which the Austrian Empress Maria Theresa lost the Lower and Upper Silesia in 1741. In the 1830's, substantial changes took place both in the military techniques and strategy, which necessitated the transfer of the core of defence from the main fortress to a system of advanced keeps, so called forts which were gradually built around the whole stronghold.

The fortress of Olomouc, built from half of the 17th until the early 19th century, represented an obstacle to the town's development during industrial revolution, slowing down in many respects both the economic and social development, but, on the other hand, its existence caused that the town's medieval core remained intact. The reckless reconstruction, demolition and successive new construction endeavoured in the 19th and 20th centuries has not yet have a serious impact on the historical and artistic value of this quite exceptional urbanistic unit.

The historical town of Olomouc which incorporates so many unique works of monumental architecture, remains of old fortifications, burgher's houses, and individual sculptures, was declared a town reserve in 1971. It represents the most significant as well as excelently preserved urbanistic unit in Moravia, and on nationwide scale it is surpassed by Prague only. Its thousand years long history reflects the key events of the constitutional, spiritual, artistic, military, and social development of our country and state.

Thanks to the architectural riches of Olomouc, and the abundancy of historical iconographic material deposited in record offices and museums, this book could be compiled. An attempt to compare the contemporary town, its individual parts, squares, streets, and single buildings with the period iconography could make our trip through Olomouc even more interesting and rewarding.

LEGEND (ILLUSTRATIONS)

1. "Olomouc the metropolis of Moravia" as seen from south-west; Water-colour from 1767
2. Olomouc from south-west, a drawing from after 1720
3. Olomouc from north-east, in the right foreground, the Hradisko monastery with avenue leading from the Hradská gate engraving from after 1724
4. Olomouc from south-east; a drawing from 1724
5. South-western view of Olomouc, in the foreground columns leading from the town to the Cross Spring; water-colour from 1835
6. Olomouc as seen from the north; drawing from after 1804
7. Western view of Olomouc; water-colour, 1674
8. Olomouc from north-west
9. Western view of Olomouc; coloured lithograph, after 1840
10. Southern view of Olomouc
11. Eastern part of the town, the Olomouc Předhradí with the church of Our Lady of the Snows and St. Wenceslas' Cathedral as seen from the tower of St. Maurice's church
12. Former Přemyslid castle in Olomouc and the St. Wenceslas' Minster with a round tower and medieval wall, a northern view taken from the park under the cathedral
13. Chapter deanery building with a round tower as seen from north-east; closure of the chapel of St. Anne, chapel of St. John the Baptist
14. St. Wenceslas' Minster with St. Anne's chapel; the minster's front after the fire of the tower in 1804; a procession of countryfolk dressed in traditional costumes of Haná in the foreground; a 19th century water-colour by F. Richter
15. Western front of St. Wenceslas' Minster with St. Anne's chapel
16. St. Wenceslas' Minster: interior with the view of the nave and presbytery separated by a grille
17. St. Wenceslas' Minster: interior of the presbytery: neo-Renaissance windows from the 1880's, manufactured in the Munich Mayer company; scene on the central window depicts the Archbishop of Olomouc, Cardinal Fürstenberk who was the builder of the Neo-Gothic minster, as handing the church over to patron St. Wenceslas
18. Chapter deanery as seen from the north; a 19th century lithograph

19. Chapter deanery from the west
20. Chapter deanery as seen from the Wenceslas' Square
21. Chapter deanery: so called "coats-of-arms hall"; wood panels on the walls display emblems of Chapter members, painted on canvas
22. Přemyslid Palace, a National Cultural Monument (further just the Romanesque palace): entrance; original restaured Romanesque window (No. 1) in the passage between the original palace and the cathedral's tower, glazed by J. Jemelka: a Neo-Romanesque portal from the time of re-gothicization of the minster
23.—26. Coupled windows of the Romansque palace, western wall of the passage
23. Window No. 3 before restoration
24. Window No. 1 open in the courtyard, after restoration
25. Window No. 3 before restoration, detail
26. Window No. 3 after restoration, detail
27. Romanesque palace: western wall of the passage with three coupled windows
28. The Romanesque palace: northern wall of the former grand hall on the second floor, with triple windows Nos 6 and 7
29. Romanesque palace: western wall of the passage, coupled window No. 2, detail
30. Romanesque palace: northern wall of the former small hall on the second floor, window No. 5 after restoration
31. St. John the Baptist's chapel adjacent to the palace's northern wall: reconstructed interior before the installaton of the exposition "Přemyslid Palace"
32. St. John the Baptist's chapel: eastern part of Gothic vaulting with restored frescoes from the early 16th century, depicting St. Wenceslas, St. Ludmila, St. Christian, St. Cordelia, St. Ursula, St. Catherine, St. Elisabeth, and St. Barbara)
33. Wurmova Street: northern view of the former canons' residence, as seen from the Dómská Street
34. Archbishop's residence in Wurmova Street No. 9: north-western view of the front facade as seen from the Biskupské Square
35. Archbishop's residence: the grand stucco hall in the ceremonial second floor of the western wing; rich stucco decoration stems from the early 18th century; restoration done in the years 1977-8

36. Archbishop's residence, ceremonial parts: so called presence chamber where the eighteen years old Franz Joseph I the Habsburg acceded to the throne (but was crowned emperor in Vienna); this event is reminded by a memorial tablet placed between the windows; view trough into the successive rooms
37. Archbishop's residence: so called golden hall with a classicist stove and grilled opening of a small private chapel built within the wall's thickness, discovered during the interior's reconstruction in the seventies
38. Archbishop's residence: so called red hall with a rococo stove, Venice mirror, crystal chandeliers, and stone jamb of the entrance into the chapel in the wall
39. Archbishop's residence: one of the ceremonial rooms, after a costly restoration done in the seventies of our century; the furnishings, china ware and other historical objects are part of a rich collection of the bishops and archbishops of Olomouc
40. Archbishop's residence, the bedroom; memorial tablet recalls the signing of the so called Olomouc Points in 1850
41. Archbishop's residence; the drawing-room is the northernmost place of the ceremonial precincts; a rococo stove, a travel cabinet of the archbishop's secretary displayed on the table
42. Archbishop's residence: private bishop's chapel on the third floor; rich stucco decoration of the vaulting from the turn of the 17th and 18th centuries
43. Square of Biskupské, front façade of an arsenal from the time of Maria-Theresa (built 1771—1778), and the street facade of the Archbishop's residence
44. Former canons' residences in Wurmova Street No. 11 (now regional Record Office), No. 13, and in Křížkovského Street No. 14 and 12 (now buildings of Palacký University after a reconstruction)
45. Former canons' residences in Křížkovského Street No. 12—14, and Wurmova Street No. 13
46. Křížkovského Street as seen from the Republic Square; on the right, the former canons' residence (today District Record Office in Olomouc), in the background buildings of the former Chapter Provost's Residence (today Rectorate of Palacký University), and a modern building of the Philosophical Faculty
47. Square of the Republic: former convent of Clare nuns (today Regional

Museum of Local History and Geography), the Music Theatre, on the left building of the former Jesuit college, in the foreground Tritons' fountain
48. Square of the Republic with the Tritons' fountain, transferred here from the former Fish Market in 1890
49. Northern view of the former Carthusian monastery; in 1838—1846, an Empire building of Haná barracs was built in its stead; tempera on parchment in the MATRICVLA SACRA manuscript from 1782, p. 374, by A. Lublinský
50. Military Academy from south-west, today House of the Army in the May Day Street; coloured lithograph, about 1860
51. Square of the Republic and May Day Street, the Museum, Haná barracs, House of the Army, and the minster tower in the background
52. Southwestern view of the former church of Our Lady at Předhradí; it used to stand at the eastern side of the Square of the Republic, on the site of former District Executive, today District Library; anonymous water-colour after Minnich, 19th century
53. Olomouc Předhradí (settlement around the castle) with the former church of Our Lady, Jesuit college and church of Our Lady of the Snows; engraving by M. Engelbrecht after a drawing by F. B. Werner, after 1724
54. Church of Our Lady of the Snows, facade as seen from the north
55. Church of Our Lady of the Snows: organ from 1726 on a choir with a rich stucco decoration
56. Church of Our Lady of the Snows: Baroque sacristy with stucco decoration of the vaulting and richly inlaid furnishings
57. Church of Our Lady of the Snows with the New Gate pulled down in 1786; front of the retinue attending upon Cardinal Troyer, oil on canvas, around 1780, the chateau of Kroměříž
58. Denis' Street with the church of Our Lady of the Snows, as seen from the arcades of Ostružnická Street
59. Artillery school from south-west in the street of Corpus Christi (now University Street), originally Jesuit monastery; coloured lithograph, around 1860
60. Former Jesuit college: Baroque gable with stucco decoration of the eastern wing, eastern view from the Bezruč Park
61. Chapel of the Blessed Jan (John) Sarkander at the corner of the

University and Mahler Street; Arch-bishop F. Bauer had the baroque chapel rebuilt in 1909—1912 to a project by E. Sochor; originally, the chapel was erected on the site of a municipal prison, where the Holešov parson Jan Sarkander died in 1620 after interrogation by the Protestant side utilizing the right of torture

62. Square of Peace (Horní rynk, the Upper Ring), with Krajinská pharmacy, the former Land Office (1931, by K. Madlmayer), St. Michael's church, and church of Our Lady of the Snows in the background, all seen from the town hall tower
63. St. Michael's church, north-western view
64. St. Michael's church: the cupolas
65. Michael's Street, eastern view from Žerotínovo Square
66. Žerotínovo Square, St. Michael's church with the former Dominican monastery rebuilt in 1835—41 for the needs of a seminary, today Faculty of Education, part of the Palacký University
67. Školní (School) Street, coloured pencil drawing by E. Pendl, about 1814
68. Školní Street with the town hall tower, on the left a reconstructed building of the District Centre of Ancient Monuments and Nature, as seen from the Žerotínovo Square where an extensive reconstruction of whole blocks of houses was done at the turn of the fifties and sixties
69. Školní Street with the typical spacing arches, a prospect toward the town hall
70. Panská Street, view from Žerotínovo to the Red Army Square
71. (Dolní rynk, the Lower Ring), a northern view from the town hall tower
72. (Lower Ring): western front of houses with the Haunschild Palace
73. Lower Ring from north-west; engraving by M. Engelbrecht after a drawing by F. B. Werner, after 1724
74. Lower Ring (Red Army Square) from north-west: pen-and-ink drawing by L. E. Petrovits, 1890
75. Eastern front of the houses and Marian plague column from 1723, view from Lafayette Street
76. Jupiter fountain on the Red Army Square
77. Haunschild Palace at the corner of the and Lafayette (Lower) Street; the Renaissance decoration of the facade is dominated by the corner oriel and stone portal
78. Haunschild Palace: detail of the corner oriel with reliefs depicting scenes from Ovid's Metamorphoses, after the works by V. Solis

79. Neptune fountain on the Red Army Square, the statue of the god of the sea accomplished by M. Mandík in 1683
80. Horní náměstí (Upper Ring) with the group of statues of the Holy Trinity and western front of the houses, as seen from the town hall tower
81. Upper Ring with the town hall, a western view; engraving by M. Engelbrecht after a drawing by F. B. Werner, accomplished after 1724
82. Town hall: northern façade with the tower and horologue in the picture of Troyer's Arrival in Olomouc; oil on canvas (about 1780), detail; the chateau of Kroměříž
83. With the town hall and Holly Trinity column, as seen from the east
84. Horní náměstí (Upper Ring): view of the town hall's north-western corner, with the lower part of Holy Trinity sculpture in the foreground
85. The Upper Ring (Horní náměstí), south-western view of the town hall with a monument to Kaiser Franz Joseph I from 1896 (removed 1919); a postcard
86. Western front with the main entrance, as seen from Pavelčákova Street
87. The town hall: western front, detail of emblems along the staircase
88. Horologue on the Olomouc town hall, baroque design with wall paintings by J. K. Handke; water-colour by J. V. Fischer, 1805
89. Horologue after a Neo-Gothic adaptation (completed 1898), a postcard
90. Current appearance of the horologue after a reconstruction done in 1955; mosaic by National Artist K. Svolinský
91. The town hall: Renaissance staircase with loggia: emblems on the parapet: the Emperor's, of Hungary, Bohemia, Lower Austria, Moravia, Silesia, and Olomouc; accomplished by Olomouc stone-cutter H. Jost in 1591
92. The town hall: Office of the chairman of Municipal National Committee in Olomouc; a Neo-Gothic design with panel walls and ceiling was accomplished in the beginning of our century; among the furnishings we can find an oil painting on canvas Olomouc from the West with Remains of Fortifications by L. E. Petrovits (1895)
93. Horní rynk (Upper Ring) with the Holy Trinity column and houses in the square's western front; Troyer's Arrival in Olomouc, oil on canvas (about 1780), detail, the chateau of Kroměříž
94. With the Holy Trinity column, a life-work of Olomouc stone-cutter v. Render, completed by his colleagues in 1754; houses in the square's western front, Švédská (Swedish) street with typical spacing arches,

Petráš Palace, baroque house At the Green Tree, and a modern post office building from 1912
95. Horní náměstí (Upper Ring), in its western front the building of State Theatre of Oldřich Stibor and former Lauer Hotel, a neo-Renaissance structure from 1872
96. Holy Trinity sculpture, detail of rich decoration of the lower part
97. Hercules fountain on the Square of Peace, accomplished by M. Mandík in 1678—79
98. Northern front of houses with the most valuable palace built in Renaissance style by a wealthy merchant V. Edelmann at the end of the 16th century
99. Horní rynk (Upper Ring) with the town hall and Caesar fountain from north-west; coloured lithograph after F. Kalivoda, 1853, Olomouc Art Gallery
100. Eastern front of the town hall with a Renaissance loggia and Ceasar fountain
101. Horní náměstí: eastern front of the buildings; Krajinská pharmacy with classicist facade from 1818, further adapted by K. Madlmayer in the thirties of our century; building used as pharmacy since 1571; the Bishop of Olomouc, Marek Khuen, was born in the house; adjacent to the pharmacy is the building of former Land Office from 1931 (K. Madlmayr)
102. Ostružnická Street and Rybí trh (Fish Market) with the Tritons fountain in the picture Troyer's Arrival in Olomouc; oil on canvas, detail, about 1780, the chateau of Kroměříž
103. St. Maurice's church, a southern view from the town hall tower; on the left, top of the Prior department store building, in the foreground northern front of houses on the Square of Peace
104. St. Maurice's church from north-west; manuscript MARICVLA SACRA, p. 164, tempera on parchment, by A. Lublinský, 1677
105. 8th May (former Czech) Street with St. Maurice's church, in the foreground modern building of the Prior department store, view from the National Heroes Square
106. North-eastern view of the St. Maurice's church, lithograph with colour print, 19th century
107. St. Maurice's church, north-eastern view of the presbytery and northern facade with a square tower in the front

108. St. Maurice's church: view of the nave with presbytery and the winged main altar from the 19th century
109. St. Maurice's church: Engler's organ on the choir
110. St. Maurice's church from south-west, on the left St. Maurice's barracs; water-colour, 1854
111. St. Maurice's church: western front with two characteristic
112. Mercury's fountain with probably the best statue out of the six fountains of Olomouc, created by F. Satler in 1727
113. National House at the corner of the 8th May and Slovak Streets; a Neo-Renaissance structure accomplished in 1886—87 by builder K. Starý the Elder; former centre of Czech cultural life in Olomouc
114. Church of the Immaculate Conception of Virgin Mary: eastern view of the presbytery and the younger loretto chapel
115. National Heroes Square: place of the abolished Litovel sally-port; on the left, a policlinic building, erected 1925—27 as a health insurance company; the 8th May Street (former Czech) opens up a view toward the St. Maurice's church; on the right, the issue of Riegrova (Litovelská) Street; between the streets, an Art Nouveau building of the Edison cinema from 1913
116. Vodární Street from the south; water-colour by L. E. Petrovits, 1895
117. Třída Svobody: building of the Jednota consumer cooperative, erected in the seventies on the edge of the town's historical core
118. Josef z Englů Street and the Palace of Justice (comprising a District Court, public prosecutor's office, and a prison), built 1902 on the site of demolished baroque fortificatons an early 20th century postcard
119. Třída Svobody from the south: the District Court, the bank, and former evangelic church called the "red church"
120. Josef z Englů Street with a mill-race abolished after World War II; an early 20th century postcard
121. Maria Theresa's Gate from the south; water-colour, architect R. Dammer, 1896
122. Maria Theresa's Gate (built 1752) as part of the baroque bastion fortress; thanks to C. Sitte, preserved as a significant relict of fortification structure
123. Jewish synagogue, completed 1897; set on fire and levelled with the ground by fascists in 1939; postcard, about 1900
124. Maria Theresa's Gate and the synagogue, postcard, about 1900

125. Jan Palach's square with Maria Theresa's Gate
126. Olomouc from south-west with remains of fortification structures in the section of present Leninova Street; oil on canvas by L. E. Petrovits, 1895
127. Groundplan of Olomouc fortress, 1686
128. Medieval town wall: section from the so called hangman's house to the former Blasius' Gate; Bezruč Park from the 1830's
129. Bezruč Park, medieval wall reconstructed in the seventies of our century, section from the so called hangman's house to Michael's sally-port
130. Bezruč Park, medieval town wall along the Michael's hill
131. Michael's sally-port from the north-east; water-colour, L. E. Petrovits after 1890
132. Olomouc fortress, fortifications and a powder-magazine at the town's eastern side; water-colour, L. E. Petrovits, 1895
133. Groundplan of the fort; half of the 19th century
134. Smetana Gardens: the main park of Olomouc, arranged along the original Rudolf's Alley (over 700 m long) from 1820; together with other Olomouc parks, place of regular international exhibitions of flowers, Flóra Olomouc (since 1966), organized by an agency of the same name
135. Archbishop's residence from the east, ride of Emperor Franz Joseph I, bridges in the vicinity of the Hradská Gate; coloured lithograph, F. Kalivoda, after 1848
136. Nádražní (Railway Station, now Liberation) Street, eastern view from the railway station tothe town; postcard, after 1900
137. Main Railway Station in Olomouc (the first hall built 1840): arrival of the first train from Přerov to Olomouc on October 17, 1841; lithograph
138. Main Railway Station, built around 1880; adapted in 1936—38
139. Eastern view of Olomouc; coloured engraving, early 19th century; Olomouc Gallery
140. Southern view of the Hradisko monastery; tempera on parchment, MATRICVLA SACRA manuscript, p. 329, A. Lublinský, 1781
141. Total view of the baroque Hradisko monastery, with the Morava River in the foreground
142. Hradisko monastery: southern facade with the main entrance
143. Hradisko monastery from north-east; engraving by M. Engelbrecht after a drawing by F. B. Werner, after 1724

144. Hradisko monastery: St. Stephen's church adjacent to the eastern wing of the monasterial body
145. Olomouc from south-west; tempera on parchment, MATRICVLA SACRA manuscript, p. 212, A. Lublinský, 1781
146. Olomouc with the Holy Hill from the west; coloured copper engraving, after 1804
147. Holy Hill (Svatý Kopeček): pilgrimage church of the Visitation of Our Lady with the former Premonstratensian residence; a small chapel in the foreground
148. Holy Hill, pilgrimage church of the Visitation of Our Lady: view toward the main altar
149. Holy Hill; pilgrimage church of the Visitation of Our Lady: baroque organ by D. Sieber and A. Richter, rich stucco decoration by B. Fontana; early 18th century
150. Holy Hill: cloister of the pilgrimage church with the St. Anne's chapel
151. Holy Hill: St. Norbert sculpture in the cloister's courtyard; St. Anne's chapel in the background
152. Holy Hill, western front of the pilgrimage church of the Visitation

Cover photo: Olomouc from the west, oil painting L. E. Petrovits, 1895

BLACK-AND-WHITE ILLUSTRATIONS
1. Olomouc from the north; engraving by M. Engelbrecht after a drawwing by F. B. Werner, after 1724
2. Olomouc from the east; steel engraving, 1842
3. Groundplan of Olomouc bastion fortress from 1781, not including civil housing of the town; on the right, Hradisko monastery with the alley leading from Hradská Gate
4. South-eastern view of Olomouc; engraving from an unknown series, with vista not much corresponding to reality; 16th-17th century
5. Southern view of Olomouc; engraving as part of the map of Moravia, by J. A. Komenský (Comenius), 1627
6. Hradisko monastery from north-east; engraving by M. Engelbrecht after a drawing by F. B. Werner, after 1724
7. Hradisko monastery from the south; engraving by Josef and Jan Klauberů after a drawing by J. Hoffmann, 1751, on the occasion of 600th anniversary of the Premonstratensians' arrival
8. Chapter deanery from north-west; pen-and-ink drawing, L. E. Petrovits, after 1890
9. Neo-Gothic reconstruction of St. Wenceslas' Minster; photograph, 1887
10. Neo-Gothic reconstruction of St. Wenceslas' Minster: completion of the south tower; photograph, 1888
11. Olomouc from south-east; woodcut by J. Willenberger, 1593
12. Romanesque St. Wenceslas' Cathedral with the Chapter and Bishop's Palace; reconstruction design by M. Pojsl, drawing by B. Bistřická
13. Romanesque Bishop's Palace: second floor; reconstruction design by M. Pojsl, drawing by B. Bistřická
14. Housing in the eastern part of Olomouc Předhradí, with canons' houses, the Archbishop's residence, and Hradská Gate on the right; photograph, before 1876
15. Eastern view of the Olomouc Předhradí (settlement round the castle); engraving, 1676
16. Former church of Our Lady in Předhradí from south-west; lithograph after Minnich, 19th century
17. Square of the Republic with the building of former District Executive (today District Library), and the modern Post Office building; photograph by S. Wasservogel, after 1885
18. Town hall with the military watch-house and the Holy Trinity column from north-west; lithograph, half of the 19th century

19. Town hall with Caesar fountain on the Horní rynk (Upper Ring), from south-east; coloured lithograph, 1853
20. Town hall with the military watch-house and Cross Well from south-west; pen-and-ink drawing by L. E. Petrovits, after 1890
21. Česká (Czech) Street (now of 8th May) with western view of St. Maurice's church, and buildings on the site of the present Prior department store; photograph, last third of the 19th century
22. Town hall on the Horní rynk (Upper Ring), a western wiev; water-colour by L. E. Petrovits, after 1890
23. South-western view of Olomouc, with St. Michael's church in the middle; steel engraving, 19th century
24. Casemates in front of the convent and church of St. Catherine from the south (as seen from the present marketplace); photograph, last third of the 19th century
25. Former Catherine's Gate, pulled down in 1878; photograph, last third of the 19th century
26. The Siege of Belgrade; wall-painting in the church of Immaculate Conception of Virgin Mary, after a restoration
27. Blasius Square, in the middle of which the St. Blasius' church used to stand (pulled down in 1840), south-western view; pencil drawing, 19th century
28. Edelmann's Palace before restoration of its front, in the Horní rynk (Upper Ring); photograph, 1865
29. Baroque chapel of the Blessed Jan (John) Sarkander, after alterations done in 1860; photograph, last third of the 19th century
30. Maria Theresa's Gate from the south; drawing by C. Sitte, after 1880
31. Horní rynk (Upper Ring), western front of housing: former Lauer Hotel, house No. 24, Swedish Street with spacing arches, Petráš Palace, house At the Green Tree, former Goliath inn on the site of which an Art Nouveau building for the Union Bank was erected (nowadays a Post Office); photograph, turn of the 19th and 20th centuries
32. Dolní rynk (Lower Ring) with the Marian column as seen from the south; photograph, about 1900
33. Southern view of the Holy Trinity column; photograph, before 1885
34. House No. 316 at the corner of Ztracená, Ostružnická, and Horní Pekařská (now Denisova) Streets on the former Fish Market: an example of metamorphose of a single building during the last one

35. Modern structure of Dr. Kubický's house from 1893; reproduction from a periodical
36. Current state of the same building
37. Horní rynk (Upper Ring) with the Cross Well and Holy Trinity column; un the western front of houses, Theatre building with classicist façade, Lauer Hotel, etc.; photograph, last third of the 19th century
38. South-eastern view of Olomouc as seen from the Tabulový hill; along the way, columns transferred to the St. Michael's church; lithograph, about 1840
39. Groundplan of the Olomouc fortress with designation of inner structure of the town (streets and squares with blocks of houses), and mine passages in the western defensive line; turn of the 18th and 19th centuries
40. Olomouc fortress, the fortification at the Litovel sally-port; drawing by L. E. Petrovits, after 1890
41. Olomouc fortress: fortifications of the western line; pen-and-ink drawing by L. E. Petrovits, after 1890
42. Hradská Gate, view from the current Palác Hotel; photograph
43. Michael's sally-port, today issuing in the Bezruč Park; pen-and-ink drawing by L. E. Petrovits, after 1890
44. Francis's Gate on the site of former Koželužská Street; photograph
45. View of Olomouc besieged by the Prussian troops; engraving by J. M. Will(e), 1758
46. Olomouc besieged by the Prussians; engraving, 1758
47. Water casemate at the issue of the Dolní (Lafayette) Street; their demolition opened up a space for the current; photograph, last third of the 19th century
48. Vodní (Water) Lane: buildings of the left demolished; today, area of the třída Svobody; photograph, last third of the 19th century
49. Olomouc Main Railway Station; photograph, after 1900
50. Jan Palach's square; photograph, the forties of the 20th century

Miloslav Pojsl, Vladimír Hyhlík
OLOMOUC OČIMA STALETÍ

Výběr ikonografie, text a popisky k vyobrazením doc. PhDr. Miloslav Pojsl
Fotografie Vladimír Hyhlík
Grafická úprava Michal Slejška
V roce 1992 vydalo Spotřební družstvo Jednota Olomouc
Vytiskla Polygrafia, a. s., závod 01
Vydání 1.
Náklad 20 000 výtisků
Tematická skupina 09/5

ISBN 80-900013-3-5